Omar

sécurité des réseaux mesh sans fil

Omar Cheikhrouhou

sécurité des réseaux mesh sans fil

Du wifi au mesh

Éditions universitaires européennes

Mentions légales/ Imprint (applicable pour l'Allemagne seulement/ only for Germany)
Information bibliographique publiée par la Deutsche Nationalbibliothek: La Deutsche Nationalbibliothek inscrit cette publication à la Deutsche Nationalbibliografie; des données bibliographiques détaillées sont disponibles sur internet à l'adresse http://dnb.d-nb.de.
Toutes marques et noms de produits mentionnés dans ce livre demeurent sous la protection des marques, des marques déposées et des brevets, et sont des marques ou des marques déposées de leurs détenteurs respectifs. L'utilisation des marques, noms de produits, noms communs, noms commerciaux, descriptions de produits, etc, même sans qu'ils soient mentionnés de façon particulière dans ce livre ne signifie en aucune façon que ces noms peuvent être utilisés sans restriction à l'égard de la législation pour la protection des marques et des marques déposées et pourraient donc être utilisés par quiconque.

Photo de la couverture: www.ingimage.com

Editeur: Éditions universitaires européennes est une marque déposée de
Südwestdeutscher Verlag für Hochschulschriften GmbH & Co. KG
Dudweiler Landstr. 99, 66123 Sarrebruck, Allemagne
Téléphone +49 681 37 20 271-1, Fax +49 681 37 20 271-0
Email: info@editions-ue.com

Produit en Allemagne:
Schaltungsdienst Lange o.H.G., Berlin
Books on Demand GmbH, Norderstedt
Reha GmbH, Saarbrücken
Amazon Distribution GmbH, Leipzig
ISBN: 978-613-1-54395-1

Imprint (only for USA, GB)
Bibliographic information published by the Deutsche Nationalbibliothek: The Deutsche Nationalbibliothek lists this publication in the Deutsche Nationalbibliografie; detailed bibliographic data are available in the Internet at http://dnb.d-nb.de.
Any brand names and product names mentioned in this book are subject to trademark, brand or patent protection and are trademarks or registered trademarks of their respective holders. The use of brand names, product names, common names, trade names, product descriptions etc. even without a particular marking in this works is in no way to be construed to mean that such names may be regarded as unrestricted in respect of trademark and brand protection legislation and could thus be used by anyone.

Cover image: www.ingimage.com

Publisher: Éditions universitaires européennes is an imprint of the publishing house
Südwestdeutscher Verlag für Hochschulschriften GmbH & Co. KG
Dudweiler Landstr. 99, 66123 Saarbrücken, Germany
Phone +49 681 37 20 271-1, Fax +49 681 37 20 271-0
Email: info@editions-ue.com

Printed in the U.S.A.
Printed in the U.K. by (see last page)
ISBN: 978-613-1-54395-1

Sommaire

Liste des figures

Liste des tableaux

Introduction

La technologie sans fil est devenue de plus en plus indispensable dans notre vie quotidienne. En fait, les entreprises et les gouvernements déploient des réseaux sans fil dans le but d'économiser le coût et de rendre l'accès au réseau confortable aux utilisateurs. En effet, les équipements sans fil sont moins chers comparés au filaire et permettent d'économiser le coût de câblage dans les bâtiments. De plus, grâce à la technologie sans fil, un employé n'est plus obligé d'être dans son bureau physiquement et peut travailler n'importe où pour peu qu'il se trouve dans la zone de couverture du point d'accès. Cependant, comme les utilisateurs sont de plus en plus exigeants en terme de mobilité, l'idée d'étendre la zone de couverture d'un réseau WLAN est récemment adressée par les chercheurs. Cette idée a donné naissance à un nouveau type de réseaux : les réseaux mesh sans fil. En effet, dans un réseau mesh sans fil, le nœud mobile n'est plus obligé d'être à proximité d'un point d'accès, comme dans les réseaux WLAN, puisque son trafic peut être relayé par les nœuds intermédiaires situés entre lui et le routeur mesh. Par conséquent, grâce aux réseaux mesh, il est possible de déployer un réseau à large zone de couverture avec un coût réduit.

Cependant, la sécurité reste un défi pour ce type de réseau, surtout pour un déploiement critique comme les domaines militaires, gouvernementaux ou dans le cas d'un fournisseur d'accès Internet qui veut limiter l'accès à ses seuls abonnés.

Ce Mastère se place dans ce contexte, et s'intéresse à l'étude de la sécurité des réseaux mesh sans fil.

L'objectif de ce Mastère est donc de proposer des solutions pour fournir des services de sécurité de base dans les réseaux mesh sans fil. Contrairement au réseau filaire, les réseaux mesh sans fil ne possèdent aucun périmètre physique ; il est donc nécessaire de mettre en place un mécanisme de contrôle d'accès robuste et efficace afin de limiter l'accès uniquement aux nœuds autorisés. De plus, nous devons proposer un mécanisme d'authentification qui permet de s'assurer de l'identité des utilisateurs. Il est aussi nécessaire d'assurer la confidentialité des données transmises sur le réseau.

Le reste de ce rapport est organisé comme suit. Dans le chapitre 1, nous introduisons les réseaux mesh sans fil en présentant les avantages, les domaines d'application ainsi que les principaux défis liés à la sécurité de cette technologie. Ensuite, nous proposons dans le chapitre 2 une extension du mécanisme d'authentification du protocole 802.1X pour une utilisation dans un environnement multi-sauts et en particulier dans les réseaux mesh sans fil. Le chapitre 3 décrit des architectures de réseau mesh sans fil utilisant le protocole PANA- qui est en cours de définition à l'IETF- comme mécanisme d'authentification. Comme les deux mécanismes d'authentification décrits ci-dessus sont basés sur le protocole EAP, le chapitre 4 détaille ce protocole et propose une nouvelle méthode d'authentification EAP aux propriétés intéressantes. Enfin nous concluons et donnons quelques perspectives à ce travail.

Chapitre 1: Les réseaux mesh sans fil

1 Introduction

Les réseaux mesh sans fil représentent l'innovation la plus récente dans la technologie sans fil. Ce nouveau type de réseau va permettre un usage plus répandu des applications sans fil à large bande comme la VoIP ou la visio-conférence. Contrairement aux réseaux sans fil traditionnels où les nœuds communiquent uniquement avec un point central (station de base, point d'accès), dans un réseau mesh sans fil, chaque nœud fonctionne, en plus d'un simple terminal, comme un routeur en relayant les données issues des autres nœuds.
Ce chapitre introduit les réseaux mesh sans fil, en présentant ses domaines d'application, ses avantages ainsi que les verrous de sécurité qui s'opposent encore au succès de cette technologie.

2 Définition

Un réseau mesh sans fil est une collection de routeurs sans fil, généralement fixes, interconnectés par des liens radios (Figure 1). Pour connecter les nœuds mobiles à Internet ou à un réseau filaire, certains de ces routeurs sont connectés à une infrastructure filaire. Ces derniers présentent généralement deux interfaces : une interface liée à l'infrastructure filaire et l'autre pour communiquer avec les nœuds mobiles et les autres routeurs.
Les réseaux mesh sans fil se distinguent des réseaux locaux sans fil (WLAN) par le fait que les réseaux mesh possèdent des routeurs d'accès (appelés aussi routeurs mesh) au lieu de simples points d'accès. Ces routeurs possèdent en plus de la capacité de routage, des fonctionnalités d'auto-configuration qui leur permettent de lire la topologie dynamique du réseau et d'établir des chemins appropriés. De plus, les routeurs mesh sont interconnectés par des liaisons radio formant par la suite un système de distribution sans fil qui sera plus flexible que le système de distribution filaire des WLANs. Enfin, il faut noter que dans un réseau mesh les nœuds mobiles jouent un rôle actif puisqu'ils participent au routage des données et par la suite à l'extension du réseau.

3 Architecture

Un réseau mesh est généralement constitué des éléments suivants (Figure 1) :

✓ **Une infrastructure filaire** aussi appelée « wired backbone » s'apparente à un réseau filaire dans lequel sont hébergés les serveurs nécessaires à l'administration du réseau : serveur AAA pour l'authentification et le contrôle d'accès (par exemples RADIUS, Diameter) et serveur de configuration (par exemple DHCP). La connexion de cette infrastructure à Internet permet de servir l'ensemble des nœuds mobiles du réseau.

✓ **Des routeurs mesh**, appelés aussi routeurs d'accès, représentent le cœur du réseau puisqu'ils jouent l'intermédiaire entre les nœuds mobiles (consommateurs du réseau) et l'infrastructure filaire (ressources du réseau). En d'autres termes, ils agissent comme des ponts (bridges) entre les réseaux filaire et sans fil.
Les routeurs mesh maintiennent entre eux et avec les nœuds mobiles des chemins en se basant sur des algorithmes de routage dynamiques comme ceux utilisés dans les réseaux ad hoc. Le routage dynamique confère au réseau les propriétés d'auto-configuration et d'auto-réparation.

✓ **Des nœuds mobiles,** appelés aussi clients mesh, correspondent aux utilisateurs du réseau qui cherchent à utiliser des ressources se trouvant dans l'infrastructure filaire ou bien à

se connecter à Internet. Les nœuds mobiles sont équipés d'une interface sans fil qui supporte la communication avec les réseaux mesh et les autres nœuds mobiles.
Dans ce document on s'intéresse aux réseaux mesh muti-sauts (Figure 1), c'est à dire qu'un nœud peut ne pas communiquer directement avec le routeur mesh (ces paquets sont relayés par des nœuds intermédiaires).

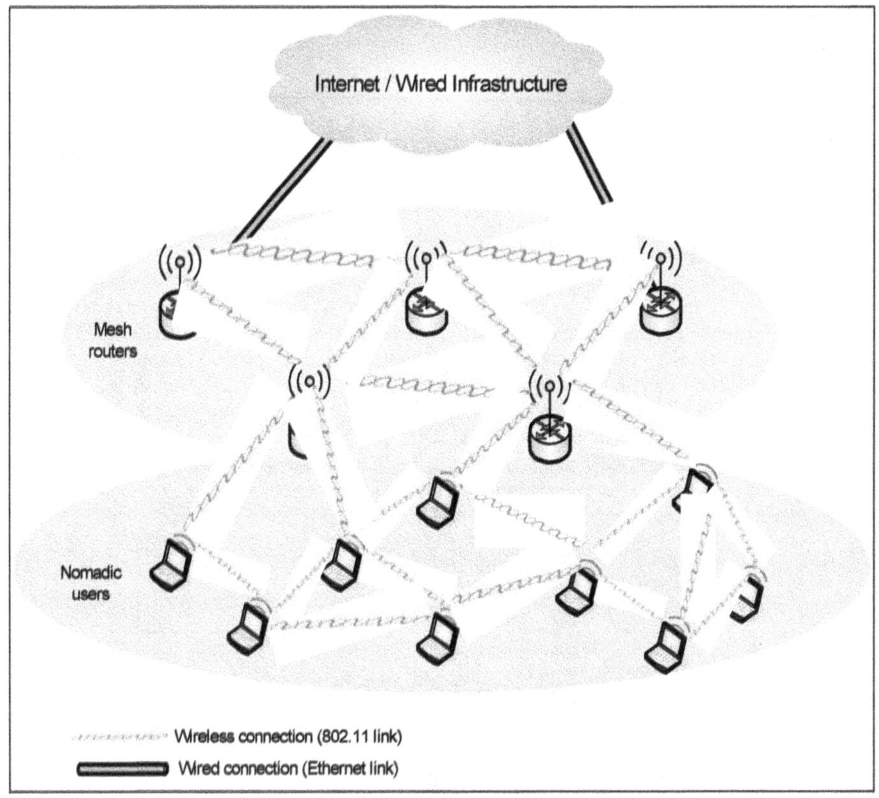

Figure 1. *Architecture des réseaux mesh sans fil*

4 Avantages et bénéfices

L'intérêt pour les réseaux mesh sans fil est grandissant dans les communautés industrielles et académiques du fait de leurs caractéristiques très intéressante [Bruno05], à savoir :

✓ **Coût de déploiement réduit** : les réseaux mesh sans fil sont basés sur des routeurs mesh qui sont interconnectés par des liaisons radios. Cela minimise le nombre de câbles et par la suite réduit le coût de déploiement du réseau.

✓ **Extensible (Scalable)** : contrairement aux réseaux WLAN où les nœuds communiquent uniquement avec le point d'accès, dans un réseau mesh, les nœuds hors de la zone de couverture des routeurs mesh peuvent se connecter au réseau grâce aux nœuds intermédiaires relayant leurs trafics. De cette façon le réseau mesh peut être étendu de manière transparente.

✓ **Support de la mobilité :** les nœuds d'un réseau mesh sans fil transmettent leurs données à travers des canaux radios et par la suite ils peuvent se déplacer librement tant qu'ils restent dans la zone de couverture d'autres nœuds connectés.

✓ **Fiable** : la redondance des chemins dans un réseau mesh augmente la fiabilité du réseau. En effet, lorsqu'un nœud intermédiaire quitte le réseau ou échoue dans le relayage du trafic, l'émetteur peut basculer vers un autre chemin.

Les caractéristiques présentées ci-dessus montrent bien que les réseaux mesh sans fil héritent des avantages des réseaux WLAN et des réseaux ad hoc. Les réseaux WLAN en termes d'administration et les réseaux ad hoc en terme d'auto-configuration et de mobilité. Par conséquent, de nouvelles applications émergent aujourd'hui grâce à ce type de réseaux.

5 Domaines d'application

Contrairement aux réseaux ad hoc qui sont limités aux applications militaires et aux applications civiles spécifiques, les réseaux mesh satisfont le besoin de plusieurs applications. En effet, les réseaux mesh peuvent être déployés dans les lieux publics (aéroport, restaurant, parc) pour offrir une connexion Internet aux passagers et clients. Le choix du réseau mesh dans ces endroits peut se justifier par le besoin de mobilité et le coût réduit de déploiement.
Les réseaux mesh peuvent aussi être déployés dans les universités et les campus pour permettre aux étudiants d'accéder aux ressources de l'université ou bien de vérifier leurs mails depuis n'importe quel endroit, même en dehors de leur campus.

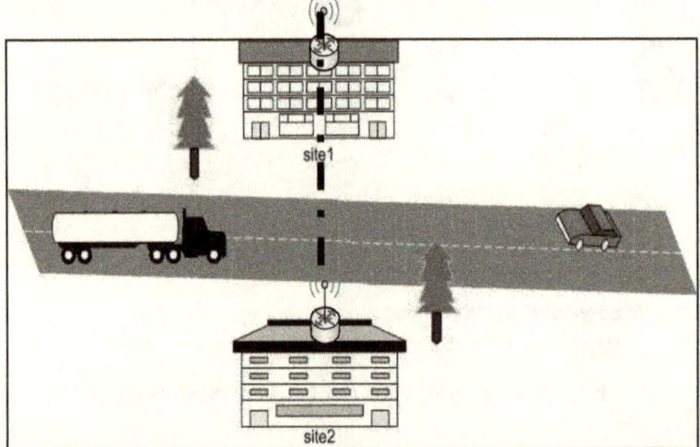

Figure 2. *Déploiement d'un réseau mesh dans une entreprise*

Une entreprise peut aussi déployer un réseau mesh afin d'offrir un certain confort à leurs employés et minimiser le coût de déploiement et de maintenance du réseau. Le réseau mesh peut être l'unique solution pour relier deux sites distants entre lesquels le câblage est interdit (par exemple il est interdit de tirer des câbles dans les rues).

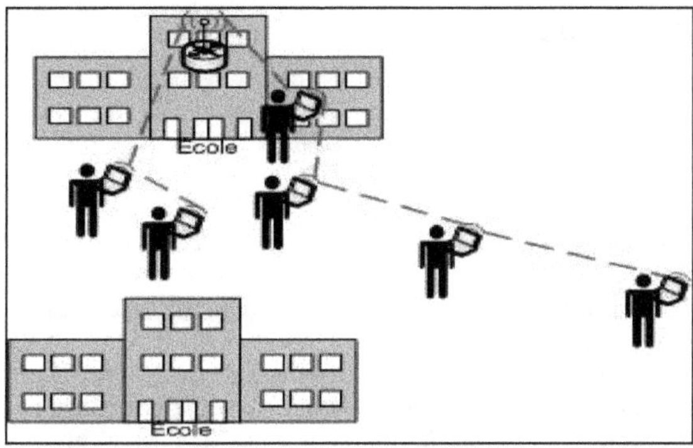

Figure 3. *Déploiement d'un réseau mesh dans un campus*

Les réseaux mesh présentent aussi une solution rentable pour un fournisseur d'accès Internet (FAI) qui peut étendre sa zone de couverture grâce à la collaboration de ses abonnées. Un seul nœud attaché à un routeur mesh peut servir plusieurs voisins qui sont trop éloignés pour joindre directement le routeur mesh. Notez que la solution mesh pour offrir une connexion Internet est intéressante dans les milieux ruraux aussi bien qu'urbains. Dans les milieux ruraux, tirer des câbles ou des lignes DSL (digital subscriber lines) pour des grandes distances est très onéreux. De plus cette solution n'est pas rentable puisque le nombre d'utilisateurs est généralement limité. Par conséquent, les routeurs mesh permettent d'éliminer ce coût de câblage. Dans les milieux urbains où la densité des nœuds connectés est élevée, la solution mesh peut être intéressante en termes de fiabilité et de qualité de service. En effet, la redondance de chemins peut augmenter la fiabilité et éliminer les congestions dans le réseau.

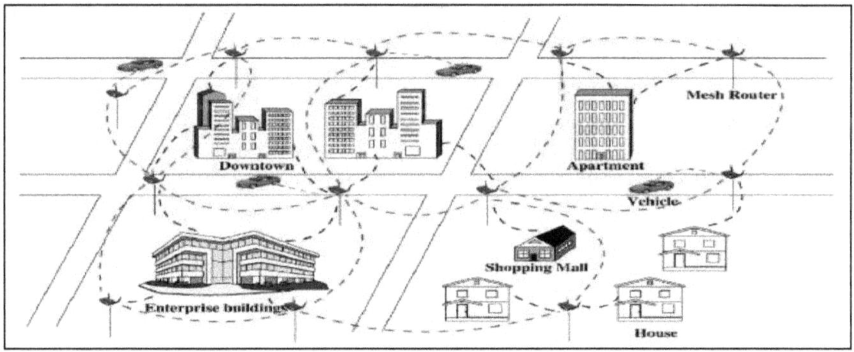

Figure 4. *Déploiement d'un réseau mesh par un FAI*

6 Les défis de sécurité

Avant que les réseaux mesh sans fil connaissent un large déploiement, plusieurs verrous doivent être levés. La sécurité représente l'un des principaux défis à ne pas négliger. En effet les réseaux mesh présentent des caractéristiques qui les rendent plus vulnérables aux attaques. On peut citer par exemple l'utilisation de canaux radio qui facilite l'interception des données transmises. De plus, ils rendent le réseau mesh sans contrôle d'accès physique.
Le caractère multi-sauts est une autre vulnérabilité des réseaux mesh. En effet, les données des utilisateurs sont relayées par des nœuds qui peuvent présenter des comportements malicieux (analyse de l'information, modification des données, rejeu des anciennes données, suppression du trafic, …).
Ces nœuds participent aussi dans la fonction du routage et par la suite, ils peuvent perturber le réseau ou le mettre hors service en transmettant de fausses informations de routage. Puisque les réseaux mesh adoptent les protocoles de routage des réseaux ad hoc, ils sont confrontés aux mêmes problèmes. Plusieurs travaux ont adressé la sécurité du routage dans les réseaux ad hoc ; le lecteur intéressé peut consulter [Cheikhrouhou05].
Ce travail s'intéresse en grande partie aux problèmes d'authentification et contrôle d'accès dans les réseaux mesh. Notez qu'en général la liaison routeur mesh – réseau filaire, en particulier routeur mesh – serveur AAA, est sécurisée. Cette sécurité peut être établie en utilisant par exemple un tunnel IPsec dans lequel toutes les données sont chiffrées.
Il reste donc à assurer la sécurité de la liaison nœuds mobiles (utilisateurs du réseau) - routeur mesh (point d'accès aux ressources du réseau).

7 La couche MAC des réseaux mesh (la norme 802.11)

Les réseaux mesh sans fil peuvent être considérés comme une extension des réseaux locaux sans fil WLANs, connus sous le nom réseaux Wi-Fi. En effet, les deux types de réseau possèdent la même couche liaison de données à savoir la norme 802.11.
Dans cette section nous allons présenter la norme 802.11 ainsi que les mécanismes de sécurité définis par cette norme. Nous situons aussi ces mécanismes au contexte des réseaux mesh.

7.1 Format des trames 802.11

La norme 802.11 définit trois principaux types de trames :

- ✓ Les trames de données, utilisées pour la transmission des données.
- ✓ Les trames de contrôle, utilisées pour contrôler l'accès au support (eg. RTS, CTS, ACK).
- ✓ Les trames de gestion, transmises de la même façon que les trames de données pour l'échange d'informations de gestion, mais qui ne sont pas transmises aux couches supérieures.

Toutes ces trames possèdent le format suivant :

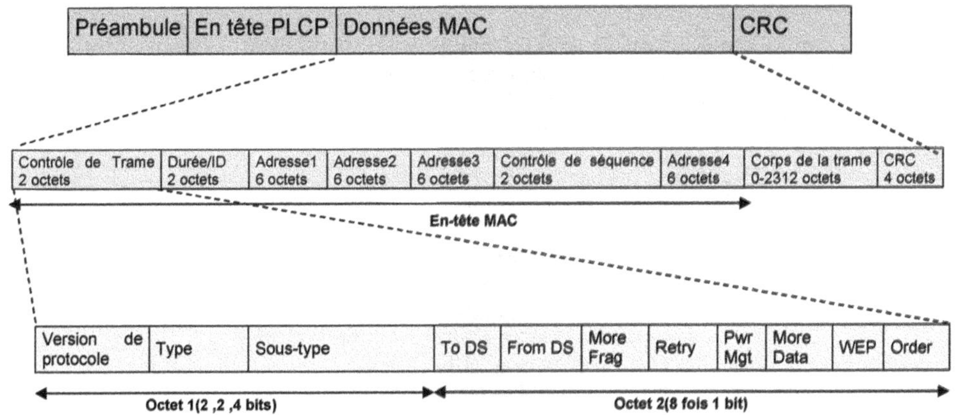

Préambule :

Il est indépendant de la couche physique et comprend :

- Synch : c'est une séquence de 80 bits alternant 0 et 1, qui est utilisée par le circuit physique pour sélectionner l'antenne appropriée (si plusieurs sont utilisées), et pour corriger l'offset de fréquence et de synchronisation.
- SFD : le Start Frame Delimiter consiste en la suite de 16 bits 0000 1100 1011 1101 utilisée pour définir le début de la trame.

En-tête PLCP (Trame 802.11) :

L'en-tête PCLP est toujours transmise à 1 Mbps et contient des informations logiques utilisées par la couche physique pour décoder la trame. Les principales informations sont :

- Longueur de mot du PLCP_PDU : il représente le nombre d'octets que contient le paquet, ce qui est utile à la couche physique pour détecter correctement la fin du paquet.
- Fanion de signalisation PLCP : il contient seulement l'information de taux, encodée à 0.5 Mbps, incrémenté de 1 à 4.5 Mbps
- Champs d'en-tête du contrôle d'erreur : champ de détection d'erreur CRC 16 bits.

Données MAC :

- Contrôle de trame :

Le champ de contrôle de trame contient les informations suivantes :

✓ Version de protocole : ce champ contient 2 bits qui pourront être utilisés pour reconnaître des versions futures possibles du standard 802.11. Dans la version courante, la valeur est fixée à 0.

✓ Type et sous-type : les 6 bits définissent le type et le sous-type des trames : (voir annexe B)

- ✓ ToDS (vers le système de distribution) : ce bit est mis à 1 lorsque la trame est adressée au point d'accès pour qu'il la fasse suivre au DS, à 0 dans les autres cas.
- ✓ FromDS (venant du système de distribution) : ce bit est mis à 1 quand la trame vient du système de distribution.
- ✓ More Fragments (d'autres fragments) : ce bit est mis à 1 si d'autres fragments suivent le fragment en cours.
- ✓ Retry (retransmission) : ce bit indique que le fragment est une retransmission d'un fragment précédemment transmis.
- ✓ Power Management (gestion d'énergie) : ce bit indique que la station sera en mode de gestion d'énergie après la transmission de cette trame.
- ✓ More Data (d'autres données) : également utilisé pour la gestion de l'énergie. Il est utilisé par le AP pour indiquer que d'autres trames sont stockées pour cette station. La station peut alors décider d'utiliser cette information pour demander les autres trames ou pour passer en mode actif.
- ✓ WEP : indique que le corps de la trame est chiffré suivant l'algorithme WEP.
- ✓ Order (ordre) : indique que la trame est envoyée en utilisant la classe de service strictement ordonnée (Strictly-Ordered service class).

- Durée/ID : possède deux significations : pour les trames de polling, représente l'identifiant de la station. Dans les autres trames, c'est la valeur de durée utilisée pour le calcul du NAV.
- Adresse 1 : est toujours l'adresse du récepteur. Si ToDS vaut 1, c'est l'adresse de l'AP, sinon, c'est l'adresse de la station.
- Adresse 2 : est toujours l'adresse de l'émetteur. Si FromDS vaut 1, c'est l'adresse de l'AP, sinon, c'est l'adresse de la station émettrice.
- Adresse 3 : est l'adresse de l'émetteur original quand le champ FromDS est à 1. Sinon, et si ToDS est à 1, Adresse 3 est l'adresse destination.
- Adresse 4 : est utilisé dans un cas spécial, quand le DS est utilisé et qu'une trame est transmise d'un AP à un autre. Dans ce cas, ToDS et FromDS valent tous les deux 1 et il faut donc renseigner à la fois l'émetteur original et le destinataire.

La table suivante résume l'utilisation des différentes adresses d'émission et de réception selon les bits FromDS et ToDS :

Tableau 1. *Contenu des champs adresses en fonction des champs FromDs et ToDs.*

ToDS	*FromDs*	*Adresse 1*	*Adresse 2*	*Adresse 3*	*Adresse 4*
0	0	DA	SA	BSSID	N/A
0	1	DA	BSSID	SA	N/A
1	0	BSSID	SA	DA	N/A
1	1	RA	TA	DA	SA

- Contrôle de séquence : utilisé pour représenter l'ordre des différents fragments appartenant à la même donnée et pour reconnaître les trames dupliquées.
- CRC (Cyclic Redundant Check) : somme de contrôle pour vérifier l'intégrité de la trame.

7.2 La sécurité dans la norme 802.11

7.2.1 Confidentialité

La confidentialité dans les réseaux WLANs est assurée grâce à un chiffrement des trames 802.11. Ce chiffrement de niveau 2 ne peut pas être utilisées dans le cas de réseau mesh. En effet, dans un réseau mesh les données sont reliées par les noeuds intermédiaires et par la suite les en-têtes IP, nécessaires pour le routage de ces données, doivent être transmis en clair. Par conséquent, un chiffrement doit être mis au niveau 3 ou supérieur. Le protocole ESP d'IPsec peut être une solution pour assurer la confidentialité dans les réseaux mesh.

7.2.2 Authentification

L'authentification dans un réseau WLAN est d'une extrême importance. En effet l'authentification permet d'empêcher qu'un nœud usurpe l'identité d'un autre ou utilise son compte. La norme 802.11 spécifie au début (norme 802.11b) deux mécanismes pour l'authentification : l'Open System Authentification (OA) et le Shared Key Authentification (SA). La première technique représente le système d'authentification par défaut. Aucune authentification explicite n'est exécutée, et un terminal peut donc s'associer à n'importe quel point d'accès (AP). La deuxième utilise une clé secrète partagée entre les clients et le point d'accès et l'authentification se déroule en quatre étapes. Dans cette deuxième technique uniquement les nœuds possédant la valeur sécrète peuvent s'authentifier.

Malheureusement, ces deux techniques étaient vites apparus comme insuffisants, pour cela un nouveau groupe a été crée au sein de l'IEEE : le 802.11i WG qui s'intéresse au problème de sécurité dans la norme 802.11. La norme 802.11i a été crée pour augmenter le niveau de sécurité et éviter les failles de sécurité détectées dans les normes antérieurs (802.11b, 802.11g ...). En effet, cette norme repose sur l'architecture d'authentification 802.1X. Cette dernière a résolu les problèmes de sécurité dans les réseaux WLANs mais elle ne peut pas être directement utilisée dans les réseaux mesh qui représentent des chemins multi-sauts. Pour cela, nous avons défini au chapitre suivant une extension de cette architecture d'authentification.

8 Conclusion

Dans ce chapitre, nous avons présenté une nouvelle technologie de réseaux : les réseaux mesh sans fil. Ces derniers héritent des réseaux ad-hoc les caractéristiques de mobilité et d'auto-configuration et des WLANs les caractéristiques d'administration. Cependant, pour un large déploiement, certains défis doivent être relevés. L'un de ces principaux défis est la sécurité.

Dans ce qui suit, nous présentons des solutions pour l'authentification et le contrôle d'accès dans un réseaux mesh sans fil multi-sauts.

Chapitre 2 : Extension de l'architecture d'authentification du protocole 802.1X

Authentification de niveau 2

1 Introduction

Le problème de l'authentification se pose lorsqu'on veut limiter l'accès à des ressources critiques. En effet, l'authentification permet de s'assurer de l'identité des nœuds et par la suite d'empêcher qu'un nœud n'usurpe l'identité d'un autre ou n'utilise son compte. Dans les réseaux mesh sans fil, l'authentification et le contrôle d'accès sont appliqués au niveau des routeurs mesh qui peuvent être apparentés au port d'accès aux ressources (Internet, serveur,…) du réseau.
Dans ce chapitre, nous détaillons notre proposition d'authentification dans les réseaux mesh sans fil. Cette solution est basée sur le protocole 802.1X et permet de supporter le caractère multi-sauts des réseaux mesh. Cependant, avant de présenter notre solution, nous décrivons tout d'abord le protocole 802.1X.

2 Le protocole 802.1X dans les réseaux locaux sans fil

Le standard 802.1X définit un mécanisme de contrôle d'accès basé sur le port (point d'attachement du nœud au réseau) qui permet d'autoriser l'accès physique au réseau, des nœuds qui se sont authentifiés avec succès auprès d'un serveur. 802.1X définit aussi l'encapsulation des messages d'authentification (typiquement message EAP) dans les trames.

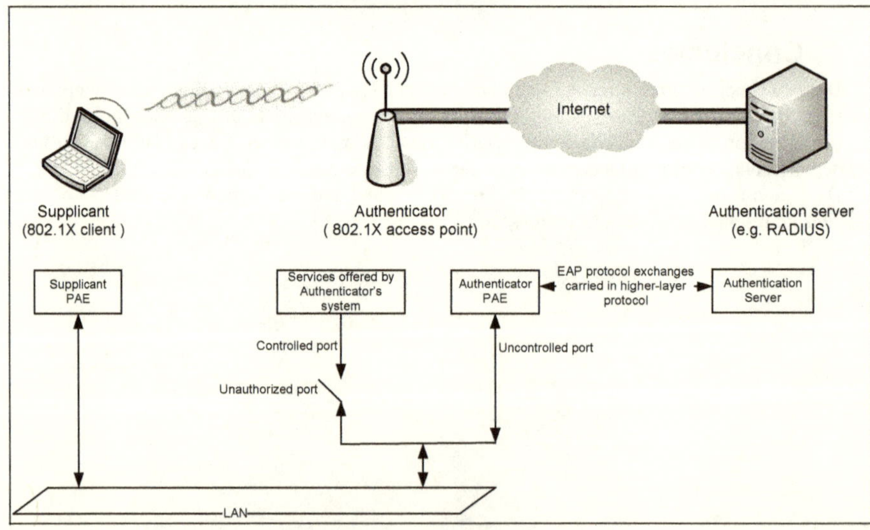

Figure 5. *Architecture du protocole 802.1X*

2.1 Architecture de 802.1X

Trois entités interviennent dans le protocole 802.1X (Figure 5), à savoir :

- **Le supplicant** : appelé aussi station ou client 802.1X, le supplicant représente l'entité à authentifier. Dans un réseau WLAN, le supplicant est typiquement un nœud mobile qui veut accéder au réseau.
- **L'authentificateur** : c'est l'entité où le contrôle d'accès au réseau est appliqué. L'authentificateur demande au client de s'authentifier avant de lui permettre d'accéder au réseau. Dans un réseau WLAN, l'authentificateur est hébergé dans le point d'accès.
- **Le serveur d'authentification** : c'est l'entité qui authentifie le client 802.1X, puis il transmet le résultat de l'authentification à l'authentificateur. Aujourd'hui les serveurs d'authentifications les plus utilisés sont de type RADIUS (Remote Access Dial-In-User Server) mais une évolution vers les serveurs de type Diameter [OpenDiameter] est à prévoir.

Comme l'illustre la figure 5, le principe du protocole 802.1X est de diviser le port physique de l'authentificateur en deux ports logiques : le port contrôlé et celui incontrôlé. Le port contrôlé reste bloqué, tant que le client n'est pas encore authentifié avec succès. Les différents messages d'authentification traversent alors le port incontrôlé. Une fois le client authentifié avec succès, le port contrôlé se débloque pour laisser passer le trafic de données du client. Notez que le port incontrôlé est configuré de manière à laisser passer uniquement un certain type de trafic comme celui lié à l'authentification.

2.2 Procédure d'authentification 802.1X

L'authentification 802.1X s'appuie sur le protocole EAP (cf. chapitre 4). Figure 6 illustre les différents messages échangés lorsqu'un client veut accéder au réseau :

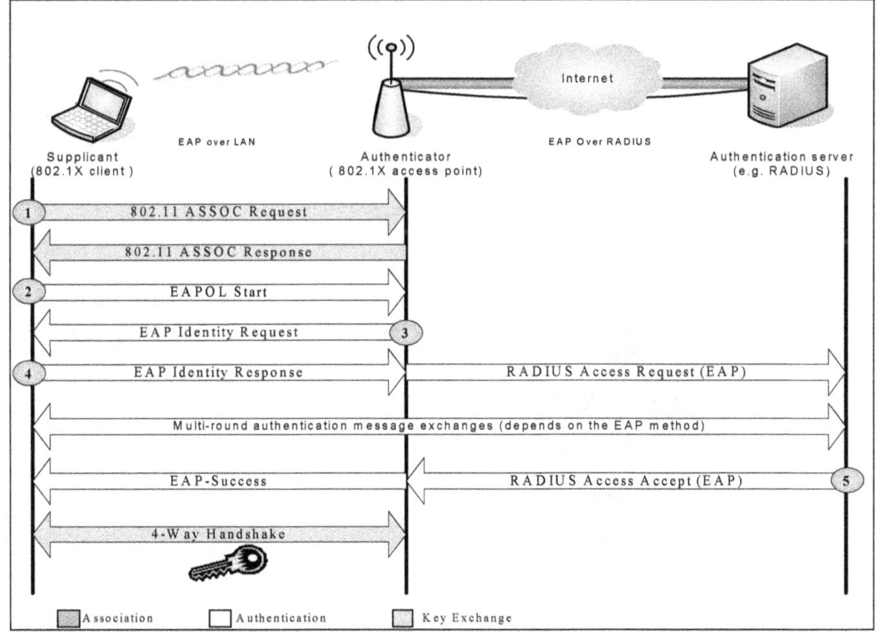

Figure 6. *Messages échangés dans l'authentification 802.1X/EAP*

1. Initialement, le client (nœud mobile) doit s'associer avec l'authentificateur (point d'accès). À la fin de cette association, chaque entité (le client et le point d'accès) connaît l'adresse MAC de son interlocuteur.
2. Le client initie ensuite la procédure d'authentification en envoyant un message EAPOL - Start (EAPOL est l'acronyme de EAP Over LAN) à l'authentificateur.
3. En recevant ce message, l'authentificateur demande l'identité du client.
4. Le client répond en envoyant une réponse EAP contenant son identité. Cette réponse est relayée vers le serveur.

Un ensemble de messages spécifiques à la méthode d'authentification utilisée, sont ensuite échangés entre le serveur et le client, à travers l'authentificateur. Le rôle de l'authentificateur durant cet échange est simplement de relayer les messages en les encapsulant dans le format approprié. Notez que la communication entre le supplicant et l'authentificateur est supportée par le protocole EAPOL et la communication entre l'authentificateur et le serveur RADIUS est supportée par un protocole « EAP over RADIUS ». L'encapsulation des paquets EAP est illustrée à la figure 7.

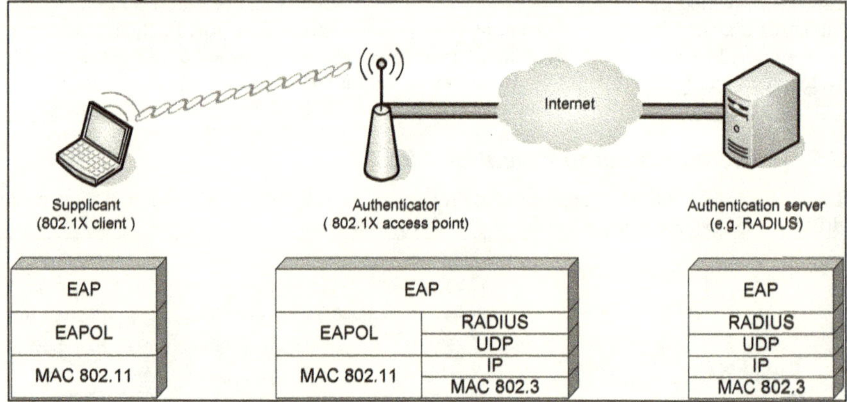

Figure 7. *Encapsulation des paquets EAP*

5. À la fin de la procédure d'authentification le serveur transmet à l'authentificateur le résultat de l'authentification. En cas d'authentification réussie, l'authentificateur convient de clés avec le client. Le protocole 802.1X ne spécifie pas de méthode pour l'échange de clés. La méthode 4-way handshake illustrée à la figure 6 est définie dans le standard [IEEE-802.11i].

2.3 Les avantages du protocole 802.1X

Le protocole 802.1X a été à l'origine conçu pour les réseaux filaires (Ethernet). Ensuite il a été choisi pour augmenter le niveau de sécurité dans les réseaux sans fil car il possède les avantages suivants [wp_interlink02] :

Indépendance de l'authentificateur

Le rôle de l'authentificateur durant la procédure d'authentification est simplement de relayer les messages échangés entre le client et le serveur d'authentification. Par conséquent, l'implémentation de l'authentificateur est indépendante de la méthode d'authentification utilisée. Par la suite, l'authentificateur reste intact lors d'ajout, de suppression ou de mise à jour des méthodes d'authentification.

Contrôle d'accès au niveau de l'edge

Le protocole 802.1X permet d'appliquer le contrôle d'accès au réseau au niveau des points d'accès qui représentent l'edge du réseau. Cela permet d'empêcher les nœuds non autorisés d'accéder au réseau.

Gestion dynamique de clés de session

Le protocole 802.1X possède un mécanisme qui permet d'utiliser des clés de chiffrement dynamique, de re-authentifier le client et de générer des clés de session périodiquement. Cette propriété augmente le niveau de sécurité puisqu'elle évite le chiffrement d'une grande quantité d'information par la même clé.

3 Extension du protocole 802.1X aux réseaux mesh sans fil multi-sauts

3.1 Objectifs

Le protocole 802.1X permet d'authentifier un nœud directement attaché à l'authentificateur et d'appliquer ensuite un mécanisme de contrôle d'accès, de niveau 2, basé sur l'association entre le client et l'authentificateur. Par conséquent, le protocole 802.1X, tel que défini, ne peut pas être appliqué aux réseaux mesh (figure 8) où les nœuds sont distants de l'authentificateur (routeur mesh).
Notre objectif est donc d'étendre le protocole 802.1X afin de permettre à un nœud distant de s'authentifier auprès du routeur mesh. Ensuite, le contrôle d'accès peut être assuré grâce au protocole IPsec [RFC2401] [Doraswamy03] qui fournit un chiffrement de données de bout-en-bout.
Notez que le chiffrement de données de bout-en-bout ne peut pas être appliqué au niveau de la couche liaison puisque les en-têtes IP, nécessaires pour l'acheminement des paquets, doivent être transmis en clair.

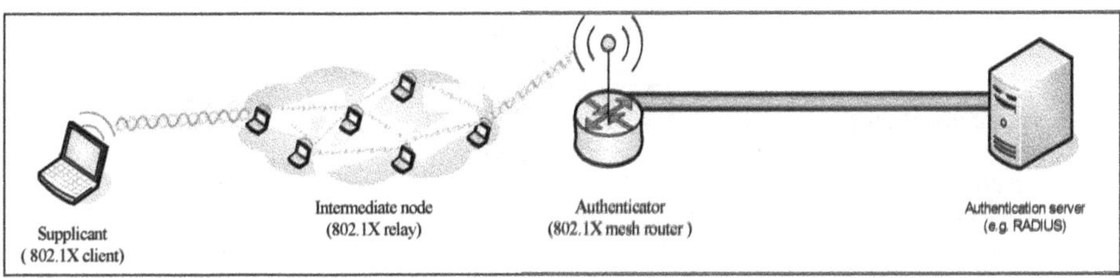

Figure 8. *Relayage des messages d'authentification du supplicant par les noeuds intermédiaires*

Quand un nouveau nœud rejoint le réseau, il doit exécuter les étapes suivantes :

1. le nœud s'authentifie auprès du routeur mesh. Si l'authentification se termine avec succès, le client et le router mesh partagent une clé. Cette clé sera ensuite utilisée comme clé pré-partagée de IKE [RFC2409] [Black00].
2. le routeur mesh ensuite négocie avec le serveur DHCP pour obtenir une adresse IP en faveur de ce client.

3. une fois qu'il a obtenu une adresse IP, le client initie le protocole IKE avec le routeur mesh pour créer une association de sécurité pour le protocole IPsec.

4. le trafic du client sera ensuite protégé grâce au tunnel IPsec créé. Ainsi la confidentialité des données est assurée grâce au protocole ESP d'IPsec et le contrôle d'accès au niveau de routeur mesh peut être fourni par le mécanisme d'authentification de l'origine de message soit IPsec/AH [RFC2402] soit IPsec/ESP [RFC2406].

3.2 Extension

Afin de permettre l'utilisation du mécanisme d'authentification du protocole 802.1X dans les réseaux mesh sans fil nous proposons d'ajouter un nouveau composant : le relais. Comme son nom l'indique, le rôle du relais est de relayer les messages d'authentification échangés entre le client (supplicant) et le routeur mesh (authentificateur).
Contrairement aux réseaux WLAN, où le client est directement attaché au point d'accès, dans un réseau mesh, un ou plusieurs relais peuvent participer à la procédure d'authentification d'un nœud distant. Par conséquent, un mécanisme de routage doit être mis en place afin d'acheminer ces messages. Rappelons que le client à authentifier ne possède pas encore d'adresse IP, de plus pour que le mécanisme d'authentification soit indépendant de la couche MAC (Medium Access Control) utilisée (802.11, 802.15, 802.16 ...), il est nécessaire que cette fonctionnalité soit ajoutée au dessus de la couche MAC et donc dans la couche EAPOL.
Effectivement, nous avons ajouté deux champs dans la trame EAPOL pour indiquer la source et la destination du paquet EAP.
De plus nous avons ajouté deux champs TimeStamp et MIC pour lutter contre l'attaque DoS décrite dans [Mishra02]. La trame EAPOL modifiée est illustrée dans la figure 9.

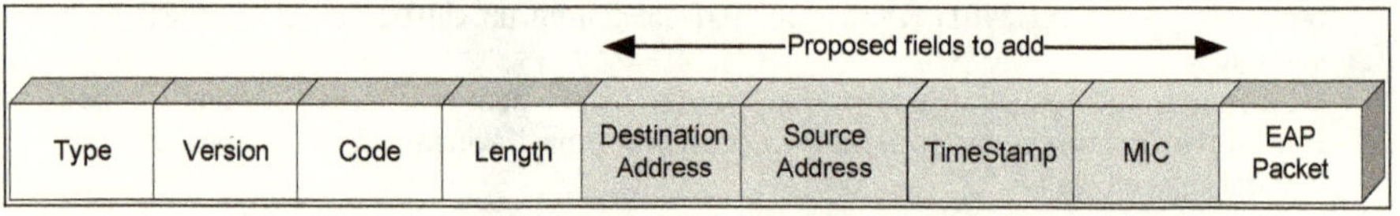

Figure 9. *Format du paquet EAPOL pour les réseaux mesh*

La signification de chaque champ est décrite comme suit :
Type : de longueur 2 octets, il indique le type de la couche liaison entre le supplicant et l'authentificateur.
Version : de longueur 1 octet, il spécifie la version du protocole EAPOL utilisé.
Code : de longueur 1 octet, il indique le type de paquet EAP. Le champ Code peut prendre plusieurs valeurs décrites dans Tableau 2.

Tableau 2. *Codes des paquets EAP*

Code	Valeur	Description
EAP-Packet	0000 0000	Indique que la trame transporte un paquet EAP.
EAPOL-Start	0000 0001	Commence la procédure d'authentification.
EAPOL-Logoff	0000 0010	Utiliser pour se déconnecter.
EAPOL-Key	0000 0011	Indique que la trame transporte des échanges des clés.

EAPOL-Encapsulated-ASF-Alert	0000 0100	Indique que la trame transporte une alerte.

Length : de longueur 2 octets, il indique la longueur en octets du champ EAP packet (contenant un paquet EAP).
Destination address : ce champ contient une adresse MAC identifiant la destination de la trame EAPOL. Cette adresse est en général l'adresse du supplicant en cas de requête EAP et l'adresse de l'authentificateur (routeur mesh) en cas de réponse EAP.
Source address : ce champ contient une adresse MAC identifiant l'émetteur de la trame EAPOL. Cette adresse est soit l'adresse du supplicant en cas de réponse EAP ou l'adresse de l'authentificateur en cas de requête EAP.
Timestamp : c'est un nombre aléatoire utilisé dans le calcul du champ MIC (Message Integrity Code) pour assurer la protection anti-rejeu.
MIC (Message Integrity Code) : ce champ est calculé en fonction de la trame EAPOL et de la clé de session partagée entre le client et le routeur mesh (exemple MIC=HMAC-SHA1(trame EAPOL, clé)). Il permet de détecter la modification des paquets EAP. Le premier MIC est calculé par le routeur mesh pour protéger le message EAP success. Ensuite ce champ est présent dans les messages critiques comme EAPOL-Logoff.
EAP packet : ce champ est présent seulement dans le cas où le champ code est égal à EAP-Packet, EAPOL-Key, et EAPOL-Encapsulated-ASF-Alert.

3.3 Fonctionnement général du protocole

Comme dans les réseaux WLAN, quand un nœud rejoint le réseau, il doit s'authentifier. Pour cela le nouveau nœud initie la procédure d'authentification en envoyant une trame EAPOL-Start destinée au routeur mesh. Cette première trame peut être diffusée dans le cas où le nœud ne connaît aucun voisin (Figure 10).

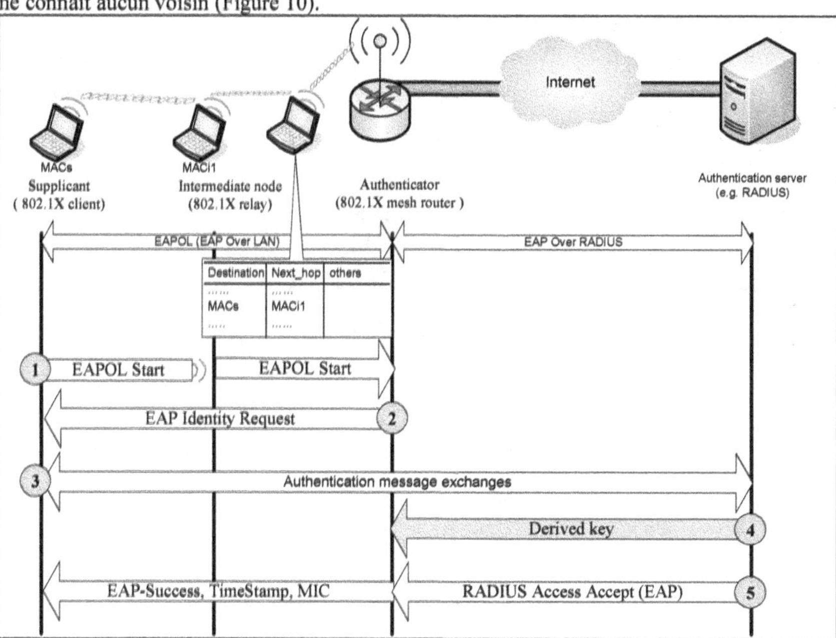

Figure 10. *Procédure d'authentification dans un réseau mesh sans fil multi-sauts*

Les nœuds intermédiaires, agissant comme relais 802.1X, font suivre la première trame EAPOL-Start et ignorent les autres trames déjà traitées. Cette trame est identifiée par l'adresse MAC du client (lue à partir du champ source address).
Pour relier les messages destinés à ce client (comme les requêtes EAP), les nœuds intermédiaires doivent mémoriser le prochain saut vers ce client. Pour cela, avant de faire suivre la trame EAPOL-Start, les nœuds intermédiaires établissent un pointeur vers le client et ajoutent une entrée à leurs caches. Cette entrée est composée, essentiellement, de l'adresse MAC du client et l'adresse MAC du prochain saut vers ce client. La valeur de ce dernier champ représente l'adresse MAC du nœud à partir de laquelle la trame EAPOL-Start est reçue (Figure 10).
À l'exception des messages relayés par les noeuds intermédiaires, la procédure d'authentification se déroule normalement comme dans les réseaux WLAN.
Une fois le client authentifié avec succès, le serveur d'authentification transmet la clé générée au cours de cette authentification vers l'authentificateur (étape 4 dans Figure 10). Pour plus de détails sur la manière de générer des clés, le lecteur pourra se reporter à [Aboba05]. Cette clé sera utilisée dans le calcul du champ MIC d'une trame EAPOL transportant un message EAP success.

3.4 Exemple de réseau mesh

Dans cette section nous présentons les différents messages échangés ainsi que les paramètres sur un cas de figure de réseau mesh illustré à la figure 11.

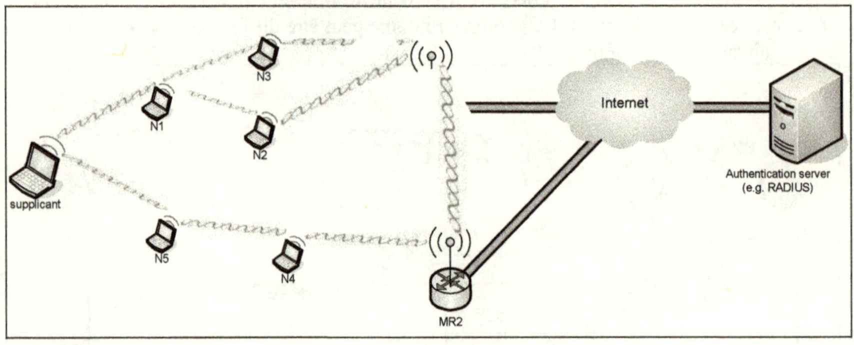

Figure 11. *Exemple de réseau mesh*

Comme expliqué précédemment, le supplicant initie la procédure d'authentification en diffusant une trame EAPOL-Start (DA=@broadcast, SA=@supplicant).
Chaque noeud intermédiaire recevant cette trame la diffuse à son tour en établissant un pointeur vers le supplicant.
Normalement, après cette étape les caches des nœuds intermédiaires de notre cas de figure ont le format indiqué à la figure 12.

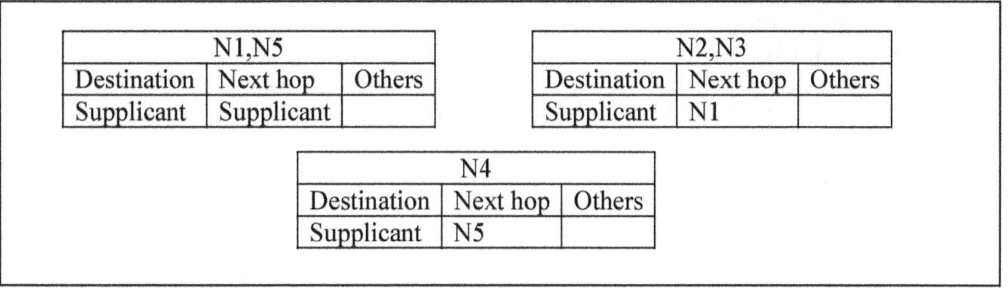

N1,N5		
Destination	Next hop	Others
Supplicant	Supplicant	

N2,N3		
Destination	Next hop	Others
Supplicant	N1	

N4		
Destination	Next hop	Others
Supplicant	N5	

Figure 12. *Le cache des noeuds intermédiaires après l'étape 1*

Eventuellement, les routeurs mesh reçoivent des trames EAPOL-Start et ils répondent à la première trame reçue et ignorent les autres. Nous supposons que le lien (supplicant, N1, N3, MR1) possède la plus faible latence, et par conséquent le routeur MR1 traite la trame reçue de N3 et ignore les autres.
MR1 (respectivement MR2) envoie une requête EAP au supplicant (DA=@supplicant, SA=MR1 (respectivement MR2)), demandant son identité. Cette trame est relayée au supplicant (puisque chaque noeud intermédiaire a dans son cache le prochain nœud pour atteindre le supplicant) et pendant ce relyage chaque noeud intermédiaire établit un pointeur MAC au routeur mesh.
Normalement, après cette étape (étape 2) les caches des nœuds intermédiaires ont le format indiqué dans la figure 13.

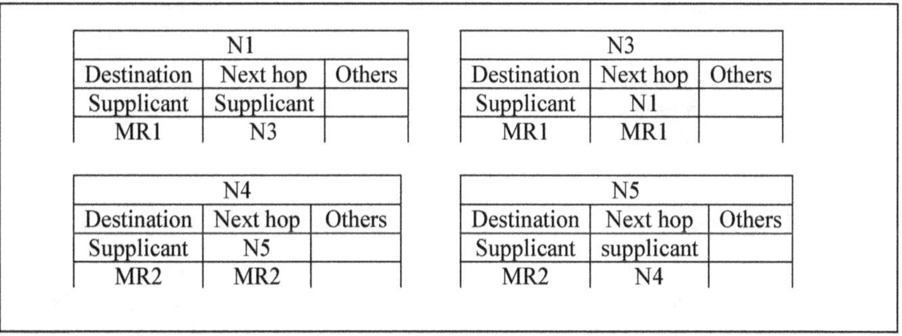

N1		
Destination	Next hop	Others
Supplicant	Supplicant	
MR1	N3	

N3		
Destination	Next hop	Others
Supplicant	N1	
MR1	MR1	

N4		
Destination	Next hop	Others
Supplicant	N5	
MR2	MR2	

N5		
Destination	Next hop	Others
Supplicant	supplicant	
MR2	N4	

Figure 13. *Le cache des noeuds intermédiaires après l'étape 2*

Le supplicant aussi répond uniquement à la première trame EAPOL reçue. Par conséquent, il répond à la trame reçue de N1 et ignore celle reçue de N5. Normalement les messages ultérieurs vont suivre le chemin : (Supplicant, N1, N3, MR1).
L'algorithme exécuté par le mesh routeur en recevant une trame EAPOL est illustré à la figure 14.

```
//treatment of EAPOL frame
If code=EAPOL-Start then
Add an entry to the cache if isn't yet present otherwise discard packet
Construct an EAP Identity request packet
Initialize timers
Send packet
Else If code=EAPOL-Packet then
//forward message to RADIUS server
Encapsulate EAP packet in a RADIUS message
Initialize timers
Send packet
Else If code=EAPOL-Logoff then
//verify the integrity of the frame
Calculate the MIC of the EAPOL with the MIC set to 0 into MIC_Result
If MIC_Result != MIC_Frame then
Discard packet
Log event
Else
Accept log-off
Delete all resources reserved for this supplicant
End if
//treatment for other types of EAPOL frame
End if
```

Figure 14. *Pseudo-algorithme exécuté par les routeurs mesh*

Pour chaque entrée dans le cache est associé un temporisateur qui indique la fraîcheur de l'entrée. Si l'entrée n'est pas utilisée durant la période indiquée par le temporisateur alors elle est détruite : c'est le cas des caches des noeuds N2, N4 et N5 (Figure 11).

4 Amélioration de la sécurité du protocole 802.1X

Notre proposition non seulement étend le protocole 802.1X pour être utilisé dans un réseau mesh, mais augmente aussi son niveau de sécurité. En effet, l'ajout d'un mécanisme d'authentification et de contrôle d'intégrité par paquet permet d'éviter les attaques ciblant le protocole 802.1X.

Protection contre l'attaque par déni de service (DoS)

Les trames EAPOL-Logoff servent à demander la déconnexion du réseau. En usurpant l'adresse MAC d'un client, un attaquant peut réaliser un déni de service contre ce dernier en envoyant au routeur mesh une trame EAPOL-Logoff qui conduit donc à la déconnexion du client. Ce type de comportement dégrade les performances du réseau et peut rendre le réseau hors service.
Notre proposition permet de lutter contre cette attaque par l'ajout de deux champs. Le champ MIC qui est calculé en fonction d'une clé connue uniquement par le routeur mesh et le client et permet d'authentifier l'origine du message. Le deuxième champ est le champ Timestamp qui permet d'éviter qu'un attaquant ne rejoue d'anciens messages EAPOL-Logoff authentifiés.

Par conséquent, même si un attaquant réussit à usurper l'identité d'un client où à mémoriser d'anciennes trames, il reste incapable de réaliser un déni de service puisque ces trames vont échouer dans le test d'intégrité (vérification du champ MIC) et seront ignorées.

5 Conclusion

Les réseaux sans fil sont absents de tout contrôle d'accès physique. Ainsi un mécanisme d'authentification et de contrôle d'accès robuste et efficace est une première ligne de défense. Dans ce chapitre, nous présentons une proposition d'extension du mécanisme d'authentification du protocole 802.1X pour une utilisation dans les réseaux mesh sans fil. Nous montrons aussi que notre solution permet d'améliorer le niveau de sécurité de ce dernier. Le contrôle d'accès et la confidentialité des données sont, ensuite, assurés grâce au protocole IPsec.

Chapitre 3: Proposition d'une architecture d'authentification basée sur le protocole PANA

Authentification de niveau 3

1 Introduction

La sécurité d'un réseau multi-sauts est critique puisque le client et l'authentificateur ne communiquent pas directement. En effet, les messages d'authentification échangés entre le client et le routeur mesh sont relayés par les nœuds intermédiaires, ce qui nécessite le routage de ces messages. Par conséquent, il est plus facile d'utiliser un mécanisme d'authentification qui opère au-dessus de la couche réseau (couche 3) pour bénéficier du service de routage de cette dernière. Ce besoin a donné naissance à un nouveau protocole : le protocole PANA.
Dans ce chapitre nous découvrons, d'abord, le protocole PANA. Ensuite, nous décrivons notre proposition d'architecture de sécurité pour les réseaux mesh. Enfin, une analyse de la sécurité de cette solution est expliquée.

2 Le protocole PANA

2.1 Présentation

Le groupe du travail du protocole PANA (Protocol for Carrying Authentication for Network Access) est en train de développer un protocole qui permet aux clients de s'authentifier en utilisant le protocole IP [RFC4016]. Par conséquent le protocole PANA est indépendant de la technologie d'accès et il est applicable à tout type de topologie de réseau [RFC4058].
Le protocole PANA peut être défini comme une couche basse de EAP qui permet donc de transporter les messages EAP échangés entre un client (appelé client PANA) et le contrôleur d'accès au réseau (appelé agent PANA) [Jayaraman05].
La figure 15 présente la position du protocole PANA dans la pile protocolaire.

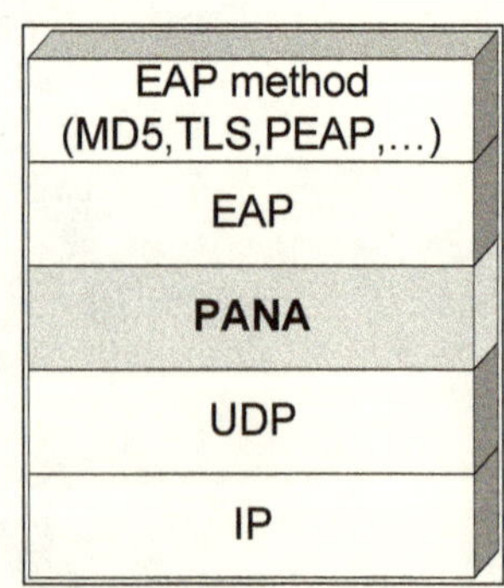

Figure 15. *Position protocolaire du protocole PANA [Bournelle04]*

2.2 Architecture

Les quatre entités fonctionnelles dans une architecture de contrôle d'accès utilisant le protocole PANA sont (Figure 2) :

➤ **Client PANA (PaC) :** le PaC représente la partie client de l'implémentation du protocole PANA. Il réside dans l'entité qui veut accéder au réseau. Le PaC est responsable d'interroger l'agent d'authentification PANA et de fournir les références nécessaires pour prouver son identité [Jayaraman05].

➤ **Agent d'Authentification PANA (PAA) :** le PAA représente la partie serveur de l'implémentation du protocole PANA. Il réside typiquement dans le serveur d'accès au réseau NAS (Network Access Server). Le PAA interagit avec le serveur d'authentification pour déterminer l'état du contrôle d'accès, ensuite il transmet cet état à l'équipement EP.

➤ **Enforcement Point (EP) :** l'EP représente la partie contrôle d'accès de l'implémentation du protocole PANA. L'EP bloque le trafic de données d'un nœud nouvellement arrivé dans le réseau jusqu'à ce qu'il s'authentifie avec succès. Seuls le trafic de configuration et d'authentification comme DHCP, PAA discovery, PANA, etc. peut passer librement à travers l'EP.

L'EP reçoit les attributs d'un client autorisé du PAA. Si l'EP et le PAA résident dans un même équipement alors un API suffit pour leur communication. Sinon le protocole SNMP peut supporter cette communication [Mghazli05].

➤ **Le serveur d'authentification (AS) :** l'AS est responsable de vérifier les références d'un client qui demande l'accès au réseau et de transmettre ensuite le résultat au PAA. L'AS et le PAA peuvent résider dans un même équipement ; dans ce cas un API suffit pour leur communication. Sinon ils utilisent un protocole AAA comme Diameter ou RADIUS.

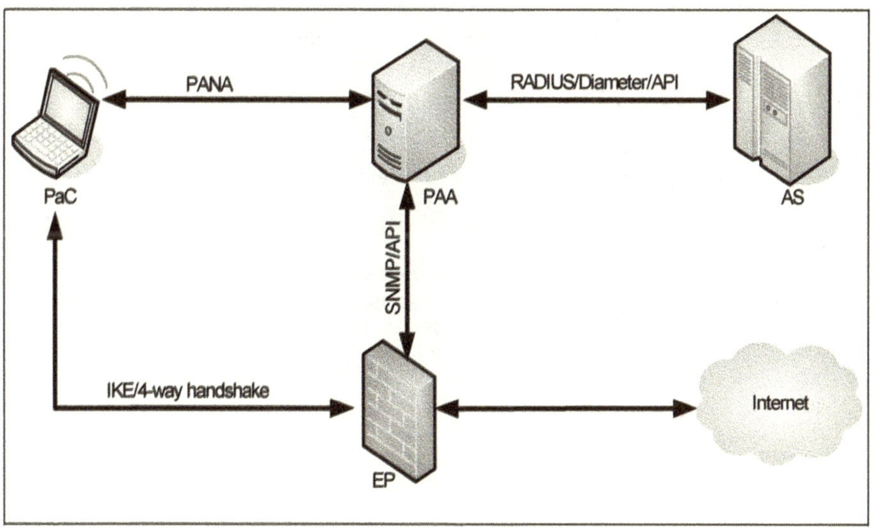

Figure 16. *Architecture du protocole PANA*

2.3 Les différentes phases d'une session PANA

Le protocole PANA permet de créer une session entre le client (PaC) et l'agent d'authentification (PAA). Cette session comporte les phases suivantes [Forsberg05] :

➢ **Phase de découverte :** dans cette phase, le PaC découvre le PAA. Il y a deux méthodes pour découvrir le PAA : soit le PaC envoie un message sollicitant PANA-PAA-Discover (figure 17) ou bien le PAA envoie un message non sollicité PANA-Start-Request (figure 18). Cette dernière méthode est utilisée quand l'EP détecte du trafic IP venant d'un nœud non autorisé. Dans ce cas, l'EP informe le PAA qui envoie alors un message PANA-Start-Request au PaC. Dans les deux méthodes, la phase d'authentification commence quand le PaC envoie un message PANA-Start-Answer.

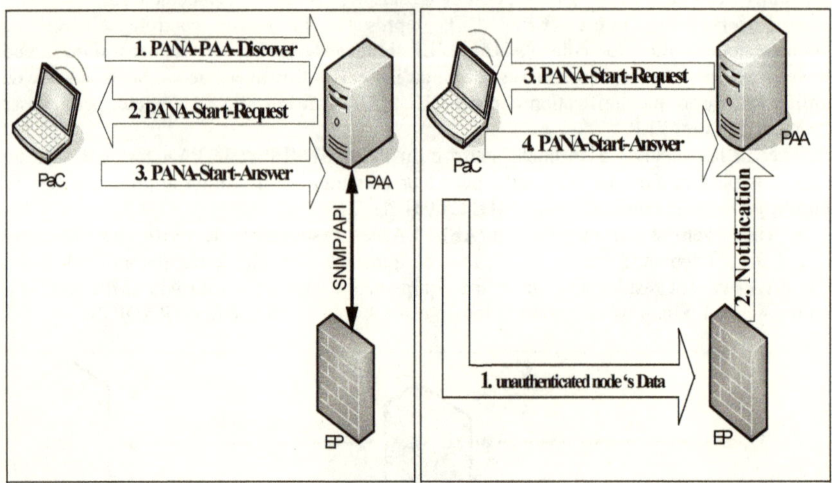

Figure 17. *Découverte de PAA par multi-cast* **Figure 18.** *Découverte de PAA par détection de trafic*

➢ **Phase d'authentification et d'autorisation** : la tâche principale de la phase d'authentification et d'autorisation est de transporter des messages EAP entre le PaC et le PAA. Deux implémentations sont possibles. La première implémentation transporte les messages EAP dans les messages PANA-Auth-Request et acquitte la réception des messages EAP par les messages PANA-Auth-Answer. La deuxième implémentation propose de transporter les messages EAP-Response dans les messages PANA-Auth-Answer afin de minimiser le nombre d'allers-retours (round-trips).

Le résultat de l'authentification est transmis de PAA vers le PaC dans un message PANA-Bind-Request. Ce message peut contenir d'autres paramètres comme l'identificateur du périphérique de chaque EP contrôlé par le PAA. Le PaC acquitte ce message par un message PANA-Bind-Answer qui contient son identificateur de périphérique. Le draft [Forsberg05] du protocole PANA spécifie que lorsque la méthode EAP utilisée dérive des clés, alors le message PANA-Bind-Request ainsi que les messages postérieur sont protégés par un MIC (Message Integrity Code).

➢ **Phase d'accès** : une fois le PaC authentifié avec succès, le PAA configure l'EP (ou les EPs) pour autoriser le trafic de ce PaC et la session PANA passe à la phase d'accès (Figure

19). Durant cette phase le PaC et le PAA peuvent tester la validité de la session PANA en envoyant un message PANA-Ping-Request. Le récepteur doit répondre par un message PANA-Ping-Answer.

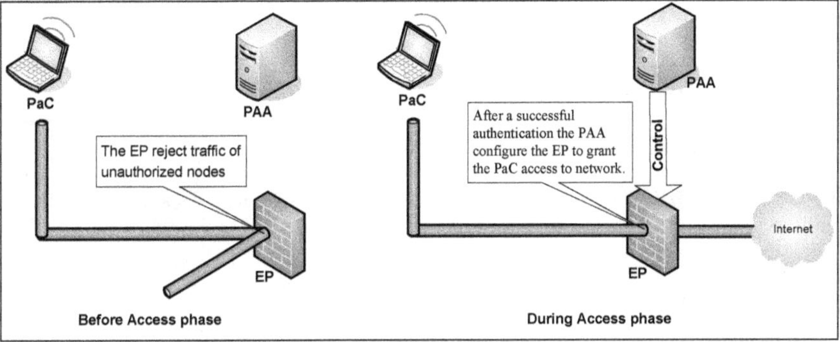

Figure 19. Phase d'accès

- **Phase de ré-authentification** : afin d'étendre la durée de vie d'une session PANA, le PaC initie le processus de ré-authentification en envoyant un message PANA-Reauth-Request. Ce message contient l'identifiant de la session (session-id). En recevant cette requête le PAA vérifie d'abord s'il a déjà une session établie avec le PaC avec l'identifiant de session correspondant. Si c'est le cas il lui répond par un message PANA-Reauth-Answer suivi d'un message PANA-Auth-Request qui initie une nouvelle authentification EAP. Sinon le PAA, optionnellement, répond par un message PANA-Error-Request.

Le PAA peut aussi initier le processus d'authentification en envoyant un message PANA-Auth-Request contenant un nouvel identifiant de session.

- **Phase de terminaison** : si l'une des entités (PAA ou PaC) veut terminer la session alors elle envoie un message de déconnexion explicite. Le message PANA-Termination-Request est utilisé dans ce but. En recevant l'acquittement de ce message (PANA-Termination-Answer), l'initiateur peut libérer les ressources réservées pour cette session.

2.4 Association de sécurité PANA

Une association de sécurité PANA est créée comme un attribut d'une session PANA lorsque l'authentification EAP réussit avec la création d'une clé AAA-Key. Cette association de sécurité n'est pas créée dans le cas où l'authentification échoue ou la méthode d'authentification utilisée ne permet pas de créer de clé.

Les attributs d'une session PANA ainsi que les attributs d'une association de sécurité PANA sont les suivants [Forsberg05] :

Les attributs d'une session PANA :

* Session-id : identifiant de session
* device-id du PaC : identificateur du périphérique du client
* adresse IP et port UDP du PaC
* adresse IP de PAA
* liste d'identificateurs de périphérique des EPs
* numéro de séquence de la dernière requête transmise
* numéro de séquence de la dernière requête reçue

* charge utile (payload) du dernier message transmis
* intervalle de retransmission
* durée de vie de la session
* protection-capability : indique à quelle couche le chiffrement des données est réalisé (couche réseau ou couche liaison)
* les attributs d'une association de sécurité (SA):
  + nonce généré par PaC (pac_nonce)
  + nonce généré par PAA (paa_nonce)
  + AAA-key
  + identificateur de AAA-key
  + PANA_MAC_KEY

La clé PANA_MAC_KEY est dérivée à partir des clés AAA-Key disponibles et elle est utilisée pour assurer la protection d'intégrité des messages PANA. Le PANA_MAC_KEY est calculée de la manière suivante :

PANA_MAC_KEY = les premiers N bits de
HMAC_SHA1(AAA-Key, PaC_nonce | PAA_nonce | Session-ID)

Où la valeur de N dépend de l'algorithme de protection d'intégrité utilisé, exemple N=160 pour HMAC-SHA1.

3 Les architectures possibles d'un réseau mesh sans fil utilisant PANA

Selon le positionnement des différentes entités PANA, nous pouvons proposer plusieurs architectures de réseaux mesh utilisant PANA comme mécanisme d'authentification et d'autorisation. Comme l'EP (Enforcement Point) représente l'entité PANA où le contrôle d'accès est appliqué, alors il est logique de le placer dans le routeur d'accès (routeur mesh) qui représente le point de contact entre les clients et les ressources du réseau (figure 20).

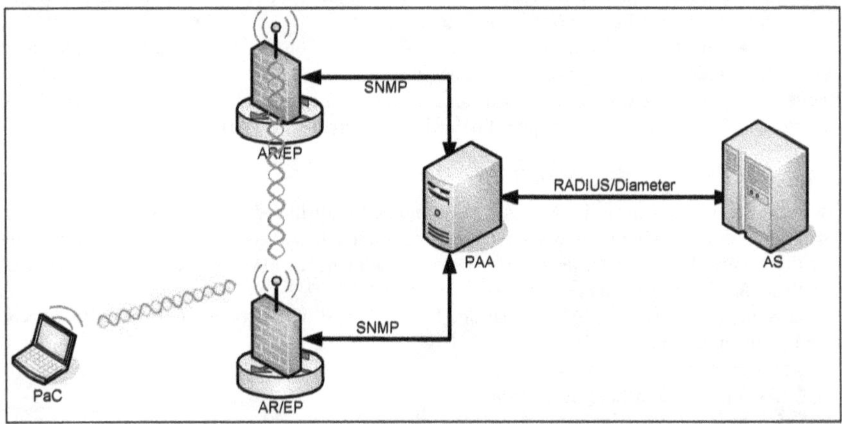

Figure 20. *Exemple d'architecture de réseau mesh utilisant PANA (le PAA est séparé de AR/EP)*

Deux principales architectures de réseau mesh sont donc envisageables ; elles dépendent du placement du PAA. Placé le PAA dans le même équipement que le routeur d'accès a

l'avantage de ne pas exiger de protocole de communication entre le PAA et l'EP (un simple API suffit) et de fait cette solution est plus sécurisée. Cependant, elle est moins flexible et la conception du routeur d'accès est plus complexe et donc plus chère. De plus, la séparation du PAA et du routeur d'accès réduit le coût de déploiement du réseau puisqu'un seul PAA peut contrôler plus qu'un routeur d'accès. En outre, le fait qu'un seul PAA contrôle plusieurs routeurs d'accès aide à la mobilité des clients puisqu'un client n'est pas obligé de se ré-authentifier lorsqu'il se déplace vers un autre routeur d'accès contrôlé par le même PAA.
Une étude comparative entre ces deux architectures est résumée dans le tableau 3.

Tableau 3. *Comparaison entre deux architectures de réseau mesh utilisant PANA*

	PAA séparé de EP et AR.	PAA dans EP et AR.
Coût de déploiement du réseau		plus[1] cher
Complexité de la conception du routeur mesh		plus complexe
Mobilité	aide à la mobilité des clients	
Sécurité		plus sécurisé

4 Procédure d'authentification avec PANA dans les réseaux mesh sans fil

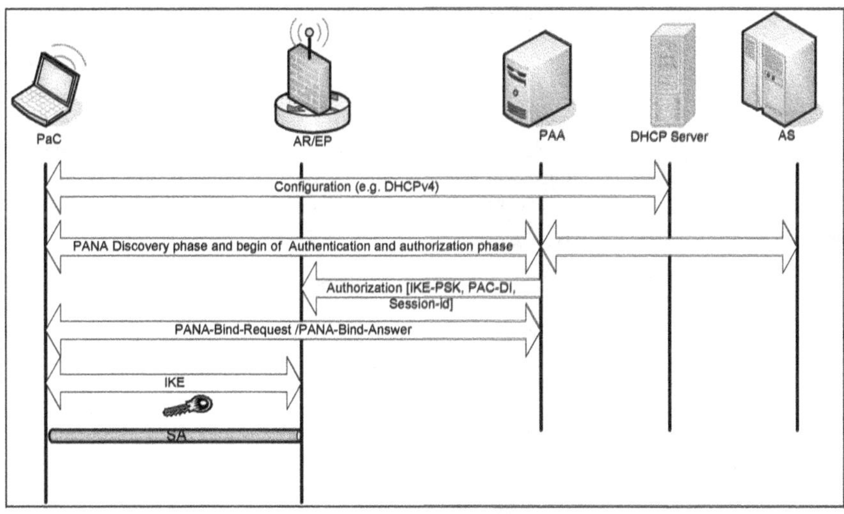

Figure 21. *Les différentes étapes et protocoles exécutés par le PaC*

[1] Comparaison est relative

Comme l'illustre la figure 21, quand un nouveau noeud rejoint le réseau, il configure d'abord son adresse IP. Pour cela, il interagit avec un serveur DHCP. Notez que cela suppose que les routeurs mesh sont configurés de manière à laisser passer un certain type de trafic des clients non authentifiés, comme le trafic ARP, de découverte de voisin et PANA. À la réception d'une adresse IP appelée adresse pre-PANA, le PaC initie le protocole PANA. Une fois le processus d'authentification terminé avec succès, le PaC peut initier le protocole IKE avec le routeur mesh (en particulier l'EP) afin d'établir une association de sécurité IPsec. Le tunnel IPsec créé permet de chiffrer les données du client et d'assurer le contrôle d'accès au niveau du routeur mesh.

4.1 Étape de découverte du PAA

Le but de l'étape de découverte est que le client PANA (PaC) connaisse l'adresse IP de l'agent PANA (PAA). Pour cette raison, le PaC diffuse un message PANA-PAA-Discover (ayant une adresse multicast et un port UDP bien connus). Chaque PAA recevant ce message répond en envoyant un message PANA-Start-Request. Eventuellement, le PaC reçoit plusieurs messages PANA-Start-Request. Par défaut le PaC choisit le PAA qui a envoyé le premier message PANA-Start-Request.

Pour empêcher qu'un attaquant ne crée un déni de service par consommation de ressources qui consiste à surcharger le PAA avec des messages PANA-PAA-Discover comportant de fausses adresses IP, le PAA inclut dans le message PANA-Start-Request un cookie qui contient un nombre aléatoire généralement généré à partir de l'adresse IP du PaC. Le cookie permet donc de garantir que l'adresse IP prétendue existe et de cette manière le PAA peut éviter de créer une session pour chaque PaC jusqu'à ce que ce dernier arrive à produire le même cookie dans un message PANA-Start-Answer. Notez que le mécanisme de cookie est optionnel est peut être ignoré dans le cas où l'attaque par déni de service n'est pas un problème.

4.2 Étape d'authentification et d'autorisation

La tâche principale du protocole PANA dans cette étape et de transporter les messages EAP entre le PaC et le PAA. Le choix de la méthode EAP dépend des clés utilisées et du niveau de sécurité exigé. La seule condition sur la méthode EAP est qu'elle doit pouvoir généré une clé qui va être utilisée ensuite comme clé pré-partagée pour IKE.

Procédure d'authentification PANA/EAP

La séquence de messages échangés durant un processus d'authentification terminé avec succès est illustrée à la figure 22.

Après la phase de découverte, le PAA (qui réside dans le routeur mesh) envoie une requête EAP encapsulée dans un message PANA-Auth-Request demandant l'identité du PaC.

En recevant cette requête, le PaC répond en envoyant son identité (par exemple nom d'utilisateur, nom d'hôte …) dans une réponse EAP encapsulée dans un message PANA-Auth-Answer.

Le PAA fait suivre, ensuite, l'identité du PaC au serveur d'authentification et à partir de ce moment, le PAA joue un rôle de relais entre le PaC et le serveur en décapsulant les réponses EAP reçues dans un message PANA et puis il les encapsule dans un message AAA (Radius or Diameter) pour les envoyer au serveur. De même, le PAA décapsule les requêtes EAP reçues du serveur dans un message AAA et les encapsule dans un message PANA. La Figure 23 illustre l'encapsulation protocolaire au niveau de chaque entité.

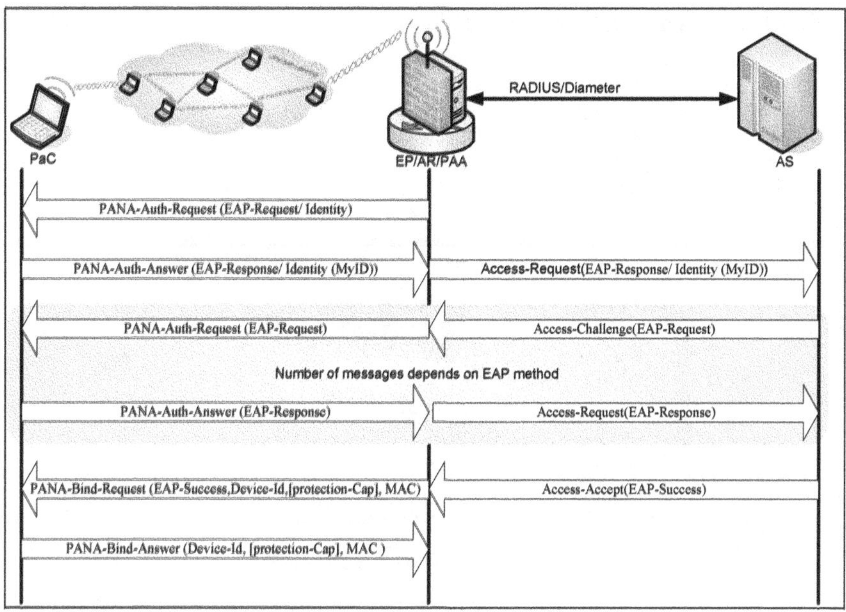

Figure 22. *Procédure d'authentification PANA/EAP (en cas de succès)*

Le nombre de messages échangés entre le PaC et le serveur à travers le PAA dépend de la méthode EAP utilisée. À la fin de cet échange le serveur transmet au PAA le résultat d'authentification. Dans le cas où le PaC est authentifié avec succès, le serveur transmet au PAA en plus d'un message EAP success la clé dérivée de la méthode EAP.
Le message EAP-Success est encapsulé dans un message PANA-Bind-Answer qui est protégé par un champ MIC calculé à partir de la clé déjà générée.

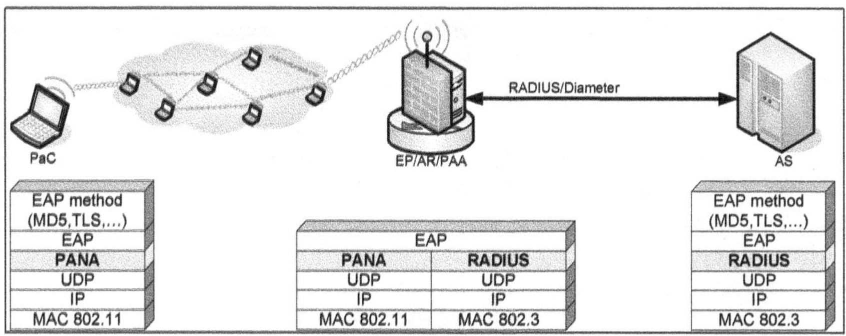

Figure 23. *Encapsulation des paquets EAP durant l'authentification PANA*

4.3 Établissement d'un tunnel IPsec

Lorsque l'authentification du client est terminée avec succès, le PAA configure l'EP pour autoriser le trafic de ce PaC. Pour cela, le PAA transmet les paramètres de ce dernier comme l'identifiant de périphérique du client et la clé pré-partagée IKE [RFC2409].
Le mode agressif de IKE peut être utilisé puisqu'il demande moins d'échange de messages que le mode principal [Black00]. IKE sert donc à établir une association de sécurité pour IPsec [RFC2401]. Cette association de sécurité permet au PaC et au EP de négocier les différents paramètres cryptographiques utilisés pour établir le tunnel IPsec (par exemple l'algorithme de chiffrement). Avec le protocole ESP d'IPsec les données du client sont chiffrées comme illustré à la figure 24.

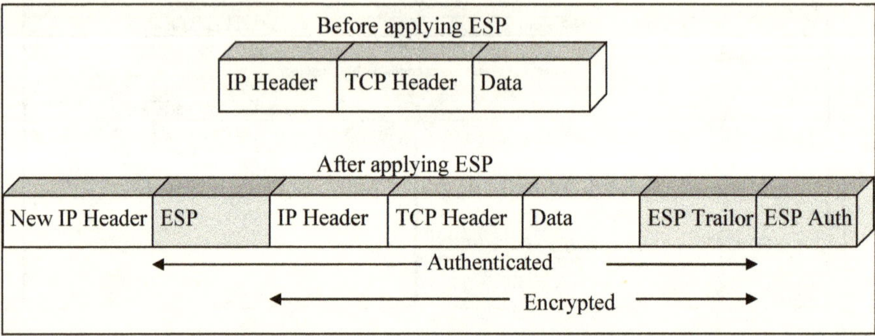

Figure 24. *Protection des données avec le mode tunnel d'ESP*

5 Analyse de sécurité de la solution

Nous montrons dans cette section que la solution proposée ci-dessus vérifie les propriétés de sécurité définies dans [RFC4016]. Ensuite, nous présentons des attaques potentielles ainsi que des recommandations pour lutter contre ces attaques.

Protection anti-rejeu

Les messages PANA comportent un numéro de séquence qui est incrémenté à chaque nouvelle requête. Ce numéro est aléatoirement initialisé au début de la session et il est vérifié à chaque réception d'un nouveau message. Un message comportant un numéro de séquence différent du numéro attendu sera ignoré [Forsberg05].
En plus d'accomplir la livraison ordonnée des messages EAP et l'élimination des doublons, ce mécanisme permet d'éviter qu'un attaquant ne rejoue d'anciens messages PANA puisqu'ils vont faire échouer le test de numéro de séquence.

Protection du PaC contre l'attaque DoS

Le résultat de l'authentification (EAP-Success ou bien EAP-Failure) envoyé du PAA vers le PaC est protégé contre la modification par un MAC (Message Authentication Code). Ceci permet d'éviter qu'un attaquant n'envoie de faux messages EAP-Failure au PaC.

Protection contre l'attaque vol de service

L'association de sécurité PANA créée à la fin d'une authentification réussie assure l'intégrité des messages et plus particulièrement protège l'identifiant du périphérique du PaC contre toute modification. Par conséquent, il évite l'attaque vol de service décrit dans [RFC4016].

Usurpation des messages du PAA

Comme il n' y a aucune relation de confiance entre le PAA et le PaC durant la phase de découverte, un attaquant peut usurper l'identité de PAA en envoyant par exemple le message PANA-Start-Request. Si ce message contient des informations liées à la sécurité comme par exemple les méthodes d'authentifications supportées, un noeud malicieux peut lancer un attaque " binding down" qui consiste à envoyer de faux messages indiquant des capacités moins sécurisées que les capacités réelles supportées par le PAA.
Pour cette raison, il est recommandé de négocier les paramètres de sécurité (comme par exemple l'algorithme de chiffrement) après l'établissement de l'association de sécurité, par exemple dans le message PANA-Bind-Request.

Déni de service contre le PAA

Comme expliqué précédemment, un attaquant peut surcharger le PAA avec des messages PANA-PAA-Discover afin de le mettre hors service. Une solution pour atténuer ce comportement malicieux est d'ajouter un cookie au message PANA-Start-Request. Le cookie garantit que le PaC est disponible à l'adresse IP prétendue (c'est une vraie adresse IP) et ce n'est pas une adresse IP générée aléatoirement, puisque le PaC est capable de retourner le même cookie dans le message PANA-Start-Answer. Ce mécanisme permet d'éviter de réserver des ressources pour des PaC inexistants.

Déni de service contre le serveur DHCP

Le protocole PANA suppose que le client PaC possède une adresse IP avant d'exécuter le protocole PANA. Cette hypothèse nous oblige à donner une adresse IP au client avant qu'il ne s'authentifie. Un attaquant peut exploiter cette propriété pour épuiser la plage d'adresses IP disponible dans le serveur DHCP, et par la suite mettre le serveur DHCP, ainsi que le réseau hors service.

6 Conclusion

Dans ce chapitre nous avons proposé une architecture de réseau mesh sans fil utilisant le protocole PANA comme mécanisme d'authentification et d'autorisation et le protocole IPsec comme mécanisme de contrôle d'accès et de chiffrement. Une analyse de sécurité de la solution proposée est aussi faite afin de la comparer avec d'autres.

Chapitre 4 : Conception et validation formelle d'une nouvelle méthode EAP

1 Introduction

Comme nous l'avons déjà expliqué dans les chapitres 2 et 3, l'authentification dans les réseaux sans fil est basée sur le protocole EAP. Nous présentons dans ce chapitre le protocole EAP et ses principales méthodes. Ensuite nous détaillons notre nouvelle méthode EAP appelée EAP-EHash. Cette méthode est proposée pour augmenter le niveau de sécurité de la méthode EAP-MD5 d'une part et éviter la lourdeur de la méthode EAP-TLS d'autre part. La validation formelle de notre méthode EAP-EHash montre que cette méthode est robuste et qu'elle vérifie les propriétés de sécurité désirées. Une étude comparative entre les différentes méthodes EAP est aussi faite pour montrer l'avantage de notre contribution.

2 Le protocole EAP

Le protocole EAP (Extensible Authentication Protocol) [RFC3748] est un protocole d'authentification qui supporte plusieurs méthodes d'authentification. Il fonctionne, typiquement, au dessus de la couche liaison de données avec par exemple le Protocole Point to Point (PPP) ou IEEE 802.

EAP fournit son propre support pour la retransmission et pour l'élimination des messages dupliqués, mais nécessite le bon ordonnancement des messages par la couche inférieure. La fragmentation n'est pas supportée dans EAP lui-même; cependant, les méthodes EAP individuellement peuvent la mettre en œuvre.

L'architecture EAP est composée de trois entités : le client (peer), l'authentificateur (authenticator) et le serveur d'authentification. Le client est l'entité qui souhaite s'authentifier ; il répond aux requêtes reçues de l'authentificateur. L'authentificateur est l'entité où le contrôle d'accès au réseau est appliqué. Son rôle durant la procédure d'authentification est de relayer les messages d'authentification entre les client et serveur d'authentification. Le serveur d'authentification est l'entité qui se charge d'authentifier le client et, pour cela, il implémente les différentes méthodes EAP.

Les messages échangés durant une procédure d'authentification basique sont les suivants :

1. Après la phase d'établissement du lien, l'authentificateur envoie une requête au client demandant son identité.
2. Le client répond en envoyant une réponse EAP contenant son identité.
3. La séquence de messages requête EAP – réponse EAP continue jusqu'à ce que le serveur authentifie avec succès le client (message EAP success) ou conclut à l'échec de l'authentification (message EAP failure).

2.1 *Les avantages du protocole EAP*

Le protocole EAP est largement utilisé aujourd'hui pour la sécurité des réseaux aussi bien filaires que sans fil, vu qu'il possède plusieurs avantages. En effet, le protocole EAP supporte plusieurs méthodes d'authentification sans avoir à en pre-négocier une en particulier. De plus l'authentificateur (point d'accès dans le cas de WLAN et routeur mesh dans le cas de WMN) est indépendant de la méthode d'authentification utilisée puisque son rôle est de relayer les messages échangés entre les client et serveur. Cette caractéristique est importante puisqu'elle permet de réduire le coût de mise à jour de l'authentificateur. La séparation de l'authentificateur du serveur d'authentification permet aussi de simplifier la gestion des paramètres de sécurité, puisque l'administrateur réseaux peut configurer une seule entité centrale (serveur d'authentification) au lieu de configurer chaque authentificateur.

2.2 Format des paquets EAP

Le format d'un paquet EAP est représenté à la Figure 25. Les champs sont envoyés de gauche à droite.

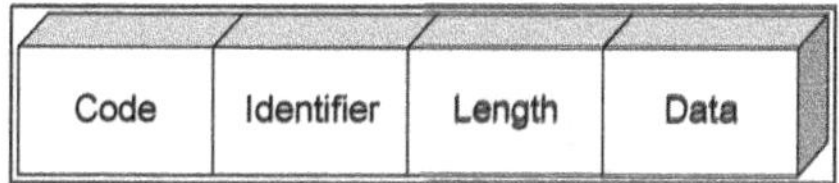

Figure 25. *Format des paquets EAP*

Le champ code est de un octet et identifie le type du paquet EAP. Le protocole EAP définit quatre types de message : requête (code=1), réponse (code=2), succès (code=3) et échec (code=4).
Le champ identifier est de un octet et permet de faire correspondre les réponses aux requêtes.
Le champ length est sur deux octets et indique la longueur en octets du paquet EAP y compris les champs code, identifier, length et data.
Le champ data, de longueur variable, est présent uniquement si le message est de type requête ou réponse (code égale à 1 ou 2). Le format de ce champ dépend du type de message et de la méthode EAP utilisée.

3 Les méthodes EAP

Comme déjà mentionné, le protocole EAP supporte plusieurs méthodes d'authentification. Dans cette section nous présentons deux méthodes basiques de EAP, à savoir EAP-MD5 et EAP-TLS.

3.1 EAP-MD5

La méthode EAP-MD5 est basée sur le protocole CHAP (Challenge Handshake Authentication Protocol) [RFC1994], qui consiste à authentifier le client en utilisant le système de défi-réponse. EAP-MD5 nécessite une clé partagée entre les client et serveur d'authentification. Cette clé consiste généralement en un mot de passe associé à un nom d'utilisateur ou à une identité (par exemple adresse IP ou adresse MAC).

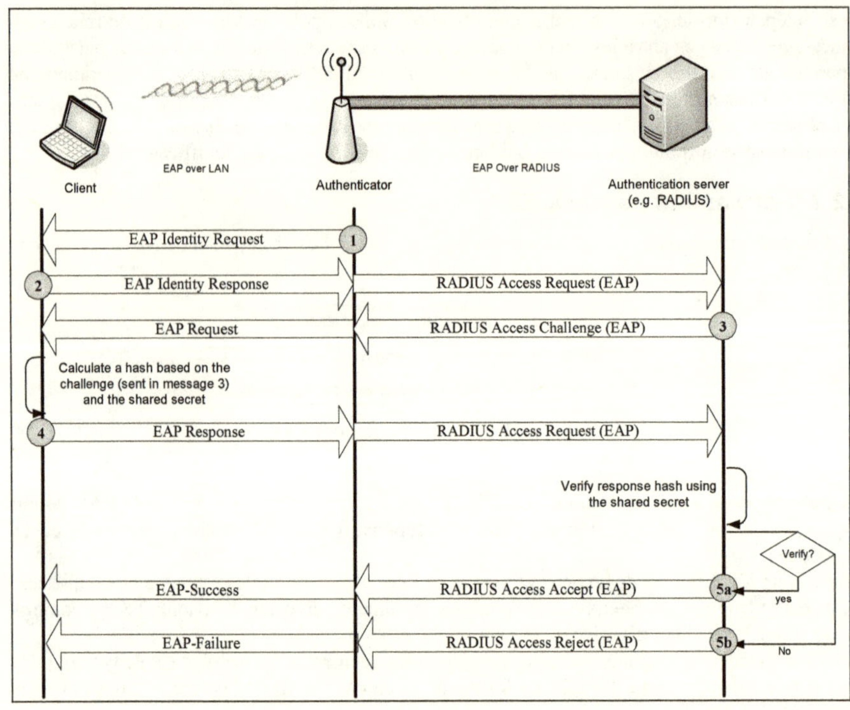

Figure 26. *Messages échangés dans EAP-MD5*

Comme illustré à la figure 26, après l'envoi de l'identité du client (Étapes 1 et 2 de la Figure 26), le serveur d'authentification envoie un défi aléatoire au client (Étape 3 de la Figure 26). Ce dernier calcule un hash à partir du défi envoyé et de la clé partagée avec le serveur et il envoie le résultat dans un message de réponse EAP (Étape 4 de la Figure 26). Le serveur effectue le même calcul que le client. En comparant les deux hashs (le hash calculé avec celui reçu), il vérifie alors si le client possède ou non la bonne clé et par la suite accepte (Étape 5a de la Figure 26) ou rejette (Étape 5b de la Figure 26) l'authentification. En fonction de cette décision, l'authentificateur autorise ou non le client à accéder au réseau.

La méthode EAP-MD5 a l'avantage de ne pas nécessiter beaucoup de ressources pour son traitement. De plus elle n'exige pas d'infrastructure de gestion de certificats ou de clés (comme EAP-TLS), mais elle n'est pas utilisée aujourd'hui car elle est reconnue comme vulnérable aux attaques par dictionnaire et aux attaques par force brute. De plus, EAP-MD5 est une méthode d'authentification à sens unique, c'est-à-dire le client doit s'authentifier, contrairement au serveur qui ne s'authentifie pas. Cela ne permet pas de détecter les points d'accès malveillants (contrôlés par des intrus).

3.2 EAP-TLS

La méthode EAP-TLS [RFC 2716] (TLS est l'acronyme de Transport Layer Security) fournit un niveau de sécurité élevé du fait qu'elle exige que le client et le serveur s'identifient et s'authentifient par l'usage de certificats.

Après l'envoi de l'identité du client, les différents messages échangés par la méthode EAP - TLS sont illustrés à la figure 27 :

1. Le serveur d'authentification envoie un paquet EAP-TLS/Start pour commencer les échanges EAP-TLS avec le client.
2. Le client répond en envoyant un message TLS client_hello qui contient son numéro de version TLS, un identifiant de session (sessionId), un nombre aléatoire, et un ensemble d'algorithmes/fonctions de sécurité supportés par le client.
3. Le serveur d'authentification envoie alors une requête EAP contenant un message TLS server_hello, suivi de son certificat TLS, un nombre aléatoire (server_key_exchange), une demande de certificat du client (certificate_request) et un message server_hello_done. Le message server_hello contient le numéro de version TLS du serveur, un autre nombre aléatoire, un identifiant de session (sessionId), et l'ensemble des algorithmes choisis par le serveur.
4. À la réception de cette requête, le client vérifie le certificat du serveur. Si le certificat du serveur est valide, le client répond avec un paquet EAP-Response contenant son certificat, un nombre aléatoire (client_key_exchange) qui détermine avec le server_key_exchange le secret partagé (TLS master secret), et un certificate_verify qui est une signature électronique de la réponse de l'authentification.
5. À la réception du paquet EAP-Response, le serveur vérifie le certificat du client et la signature électronique. Si le test réussit le serveur envoie un paquet EAP-Request contenant un message change_cipher_spec et un message handshake_finished. Le dernier contient la réponse de l'authentification du serveur au client. En vérifiant le hash, le client peut authentifier le serveur EAP.
6. Si le serveur est authentifié avec succès, le client envoie un paquet EAP-Response de type EAP-TLS sans données.
7. Le serveur EAP répond alors avec un message EAP-Success.

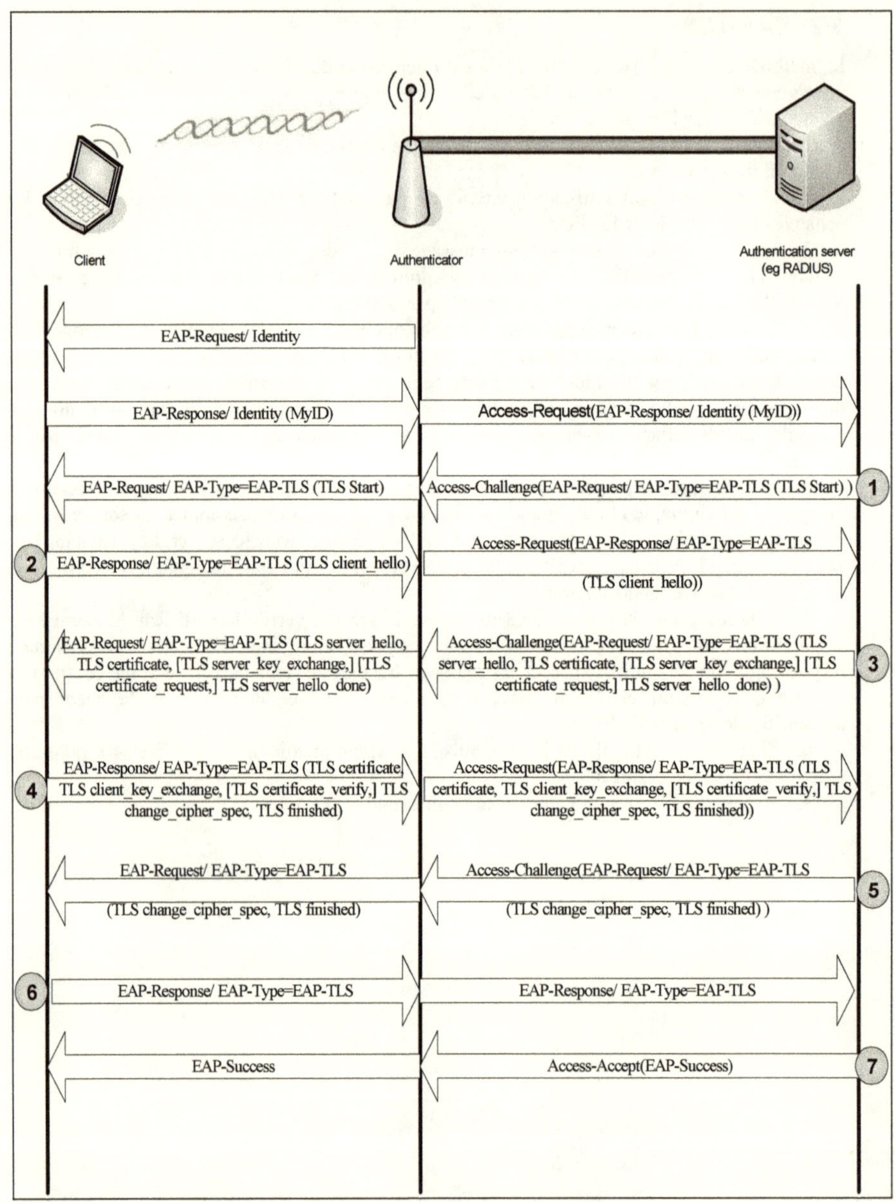

Figure 27. *Messages échangés dans EAP-TLS*

La méthode EAP-TLS a l'avantage de permettre l'authentification mutuelle entre le client et le serveur et d'être plus robuste face à des attaques puisqu'elle se base sur la cryptographie asymétrique (certificats).
L'inconvénient majeur de cette méthode est qu'elle exige un PKI (Public Key Infrastructure) pour la gestion des certificats côté client et côté serveur. Cette contrainte n'est pas toujours réalisable ; de plus elle rend la gestion et la maintenance du réseau plus complexes.

4 Conception d'une nouvelle méthode EAP : EAP-EHash

Plusieurs méthodes EAP ont été proposées à l'IETF, mais aucune de ces méthode n'est satisfaisante : certaines méthodes sont vulnérables aux attaques ; d'autres exigent des contraintes non toujours réalisables. Ce contexte nous a motivés à proposer une nouvelle méthode EAP qui tire avantages des méthodes déjà définies tout en évitant les vulnérabilités déjà détectées dans ces méthodes.
En effet, la méthode que nous avons proposée, appelée EAP-EHash (EHash pour Encrypted Hash), satisfait les caractéristiques suivantes :

- Cette méthode est basée sur la cryptographie symétrique ; son traitement est donc léger et n'exige pas de grandes puissances de calcul.
- L'authentification est basée sur une clé symétrique secrète, partagée entre les client et serveur d'authentification ; il n' y a donc pas besoin d'infrastructure particulière pour la gestion des clés.
- Le nombre de messages échangés est assez réduit.
- Cette méthode fournit l'authentification mutuelle entre le client et le serveur d'authentification.
- Elle est robuste face aux attaques par dictionnaire et celles par force brute qui visent à découvrir la valeur secrète de la clé.

Afin de répondre à ces besoins, nous avons utilisé le principe du protocole CHAP [RFC1994] qui est léger dans son traitement. Nous avons aussi proposé deux mécanismes : le premier pour fournir l'authentification mutuelle, le second pour éviter les attaques par dictionnaire et par force brute.

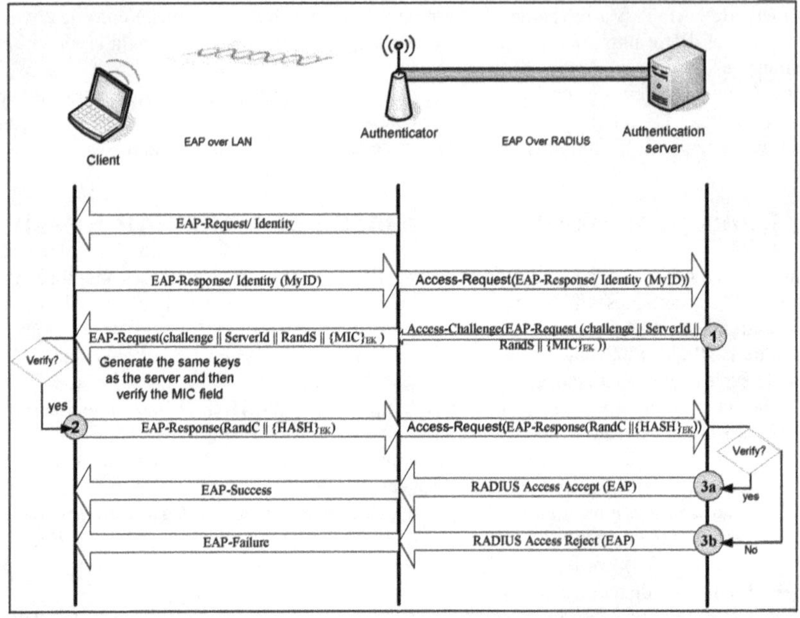

Figure 28. *Messages échangés dans EAP-EHash*

La figure 28 illustre les échanges de messages entre les client et serveur lors d'une authentification avec la méthode EAP-EHash :

1. Après avoir reçu l'identité du client, le serveur d'authentification consulte sa base de données pour déterminer la valeur PSK (Pre-Shared Key) du secret partagé avec cette identité. Ensuite, il génère les éléments suivants :
   - ➢ RandS : un nombre aléatoire.
   - ➢ AK (Authentication Key) : clé d'authentification utilisée pour calculer le champ MIC (Message Integrity Check) ; elle est dérivée de la clé PSK comme suit : AK= F (PSK, RandS) où F est une fonction aléatoire à sens unique (exemple HMAC-SHA-1).
   - ➢ EK (Encryption Key) : clé de chiffrement utilisée pour chiffrer les champs MIC et Hash ; elle est dérivée de PSK comme suit : EK= F (PSK, RandS || ServerID || ClientID) où || désigne la concaténation.
   - ➢ Challenge : un défi (sous la forme d'une chaîne ou nombre aléatoire) utilisé pour authentifier le client.
   - ➢ ServerID : l'identité du serveur.

Le serveur d'authentification calcule ensuite le champ MIC comme suit : MIC = F (AK, Challenge || ServerID || RandS) où F est une fonction de hachage (exemple MD5, SHA-1). Ce MIC sera ensuite chiffré en utilisant la clé EK. Tous ces éléments sont envoyés au client dans un message EAP-Challenge (à travers l'authentificateur).

2. À réception de ce message, le client génère les mêmes clés (AK et EK) que le serveur. Le client essaye ensuite d'authentifier le serveur en se basant sur la validité du champ MIC chiffré. Pour cela, le client effectue les mêmes calculs que le serveur pour trouver le champ MIC chiffré et il lui suffit alors de comparer la valeur obtenue avec celle reçue pour s'assurer de l'authenticité du serveur. Si le serveur est authentifié avec succès, le client doit s'authentifier auprès du serveur. Pour cela il calcule un hash à partir du Challenge envoyé par le serveur comme suit : HASH = F (AK, Challenge || RandC) où F est une fonction de hachage. Ensuite il envoie RandC et la valeur chiffrée du hash au serveur dans un message EAP-Response.
3. Avec la réponse à son défi, le serveur calcule le hash de la même manière que le client et il compare ensuite les deux résultats. Dans le cas d'une authentification du client réussie (hash calculé par le serveur égal à celui reçu du client), une nouvelle clé est calculée comme suit : IK= F (PSK, RandS || RandC). Cette clé pourra être utilisée comme secret partagé pour initier le protocole IKE (si un VPN IPsec est à mettre en place entre le client et le point d'accès) ou pour dériver des clés de chiffrement IEEE 802.11 partagées entre le client et le point d'accès.

5 Analyse de la méthode EAP-EHash

La méthode EAP-EHash présente plusieurs avantages, à savoir :

Traitement léger

Basée sur la cryptographie symétrique, EAP-EHash n'exige pas de traitements importants. Cette propriété est essentielle dans les réseaux sans fil puisque les nœuds mobiles présentent des ressources limitées en terme de batterie et de puissance de calcul.

Authentification rapide

Comme EAP-MD5, EAP-EHash est basée sur un mécanisme de Défi/Réponse et par conséquent exige peu d'échanges de messages. Le nombre réduit des messages échangés rend l'authentification rapide. Cette propriété est importante dans les réseaux sans fil puisque les noeuds sont mobiles et peuvent à tout moment perdre leurs connexions ou changer de point d'accès ce qui les oblige alors à se réauthentifier.

Authentification mutuelle

L'inconvénient majeur de la méthode EAP-MD5 et qu'elle n'assure pas l'authentification du serveur. Cette vulnérabilité peut conduire à analyser tout le trafic des utilisateurs en plaçant des points d'accès malveillants (contrôlés par des intrus).
La méthode EAP-EHash permet de lutter contre cette attaque en assurant l'authentification mutuelle : le serveur est authentifié grâce à un champ MIC calculé en fonction du secret partagé.

Efficacité contre les attaques par dictionnaire

Contrairement à EAP-MD5, EAP-EHash est robuste contre les attaques par dictionnaire lancées par un attaquant et visant à découvrir la clé partagée. En effet, dans EAP-MD5, un attaquant qui écoute le trafic peut déduire la valeur de la clé partagée par une attaque par dictionnaire puisqu'il possède le texte en clair et le hash correspondant.
EAP-EHash permet de lutter contre cette attaque par deux mécanismes. Le premier consiste à générer d'autres clés qui sont utilisées dans le calcul des champs MIC et hash. Cela permet

d'assurer la propriété « Perfect Forward Secrecy » (le secret partagé PSK reste inconnu même dans le cas où la valeur des clés AK et EK sont révélées). Le deuxième mécanisme consiste à chiffrer les champs MIC et hash pour rendre plus difficile la révélation de la clé AK.

6 Validation formelle de la méthode EAP-Ehash

La validation formelle d'un protocole cryptographique est nécessaire pour s'assurer de la robustesse et de la sécurité de ce protocole avant de se lancer dans son implémentation.
Plusieurs techniques de validation formelle de protocoles cryptographiques sont utilisées. Nous pouvons citer par exemple CASPER [Donovan99], EVA [EVA], AVISPA [AVISPA] et d'autres outils basés sur CSP (Communicating Sequentiel Process) [Hoare04].
Nous avons choisi l'outil AVISPA (**A**utomated **V**alidation of **I**nternet **S**ecurity **P**rotocols and **A**pplications) car il est automatique et assez expressive (permet de vérifier plusieurs propriétés de sécurité comme par exemple l'authentification, le secret, la robustesse contre certaines attaques…). De plus AVISPA supporte un nombre illimité de sessions.
L'outil AVISPA définit le langage HLPSL (High-Level Protocol Specification Language) qui se base sur la logique temporelle des actions [Lamport94].
La spécification de la méthode EAP-EHash dans le langage HLPSL se présente de la façon suivante :
Puisque l'authentificateur n'intervient pas dans la procédure d'authentification (son rôle est seulement de relayer les messages), nous avons spécifié le protocole avec les deux rôles client (peer) et serveur (server) seulement :

```
role peer(
        P, S: agent,
        PSK: symmetric_key,
        MIC, HASH, PRF: function,
        SND, RCV: channel(dy)
        )

role server(
        P, S: agent,
        PSK: symmetric_key,
        MIC, HASH, PRF: function,
        SND, RCV: channel(dy)
        )
```

Dans chaque rôle, nous spécifions les différentes transitions effectuées par l'agent qui représente un participant dans le protocole. Les deux rôles déclarés ci-dessus sont appelés rôle de base (basic role). Une session du protocole est une instanciation de différents rôles de base et elle est appelée rôle composé.
Pour vérifier des propriétés de sécurité, HLPSL emploie des primitives. Par exemple, pour assurer l'authentification, nous utilisons les deux primitives : witness et request.

- witness(P,S,rp,RandP') : veut dire que l'agent P veut communiquer avec l'agent S en utilisant la valeur RandP' comme valeur du paramètre rp.
- request(S,P,rp,RandP') : veut dire que l'agent S a accepté la valeur RandP' comme valeur de rp et maintenant doit vérifier que cette valeur est réellement envoyée par l'agent P.

Pour exprimer le fait que l'agent S doit authentifier P sur la valeur de RandP', nous utilisons dans la section goal la primitive authentication_on.

```
goal
authentication_on rp
```

Nous avons aussi exprimé le fait que les clés utilisées entre les deux clients doivent restées secrètes en utilisant la primitive secret.
La spécification complète du protocole EAP-EHash avec le langage HLPSL est illustrée en annexe A.
Pour la validation du protocole EAP-EHash, l'outil AVISPA traduit la spécification écrite en langage HLPSL dans un format intermédiaire plus approprié au model-checking.
Le résultat retourné par l'outil AVISPA en utilisant le model-checking ofmc (on-the-fly-model-checking) est la suivante :

```
% OFMC
% Version of 2005/06/07
SUMMARY
  SAFE
DETAILS
  BOUNDED_NUMBER_OF_SESSIONS
PROTOCOL
  /root/avispa-1.0/testsuite/results/EHash05.if
GOAL
  as_specified
BACKEND
  OFMC
COMMENTS
STATISTICS
  parseTime: 0.00s
  searchTime: 0.53s
  visitedNodes: 137 nodes
  depth: 12 plies
```

Le résultat de la validation montre bien que la méthode EAP-EHash vérifie les propriétés de sécurité souhaitées (secret des clés, authentification) et qu'elle est robuste contre l'attaque man-in-the-middle et le rejeu des messages.

7 Conclusion

Dans ce chapitre, nous avons présenté le protocole EAP qui est largement utilisé aujourd'hui pour la sécurité des réseaux aussi bien filaires que sans fil. Plusieurs méthodes EAP ont été proposées au sein de l'IETF mais aucune de ces méthodes n'est satisfaisante, ce qui nous a motivé à proposer une nouvelle méthode. Après la description détaillée de notre méthode EAP-EHash, nous avons montré formellement que la méthode est robuste contre les attaques connues et qu'elle vérifie les propriétés de sécurité souhaitées. Une étude comparative de notre méthode EAP-EHash avec les méthodes EAP-TLS et EAP-MD5 est illustrée sur le tableau 4.

Méthodes EAP	Authentification mutuelle	Opérations de base	Exige une infrastructure PKI	Rapidité de l'authentification
EAP-TLS	Oui	Établir une session TLS et vérifier la validité des certificats du client et du serveur	Oui	Lente
EAP-MD5	Non	Défi-Réponse	Non	Rapide
EAP-	Oui	Défi-Réponse avec		Rapide

EHash		chiffrement de la réponse et authentification du serveur par un MIC		

Tableau 4. *Comparaison entre méthodes EAP*

Conclusions et perspectives

Les réseaux mesh sans fil apparaissent comme une nouvelle technologie évolutive et prometteuse. En effet, ils bénéficient de caractéristiques avantageuses comme un canal de transmission radio et un chemin multi-sauts, mais ces caractéristiques sont également dangereuses. En effet, la transmission par voie radio empêche la mise en œuvre de tout contrôle d'accès physique. De plus, la présence des chemins multi-sauts expose le réseau aux attaquants analysant ou modifiant le trafic des utilisateurs. Par conséquent, la sécurité des réseaux mesh sans fil est un problème qui ne peut pas être négligé.

Dans ce Mastère, nous avons proposé des solutions pour fournir les services de sécurité de base à un réseau mesh sans fil. D'abord nous avons expliqué comment nous pouvons étendre le mécanisme d'authentification du protocole 802.1X aux réseaux mesh sans fil. Nous avons montré que notre proposition non seulement étend le protocole 802.1X, mais augmente aussi son niveau de sécurité. En effet nous avons ajouté deux champs qui assurent l'intégrité des messages et la protection anti-rejeu. Dans cette solution, le réseau authentifie les clients avant de leur donner une adresse IP. Il est donc nécessaire de définir un mécanisme de routage basé sur le protocole EAPOL pour acheminer les messages d'authentification.

Dans le chapitre 3, nous avons décrit des architectures de réseau mesh sans fil utilisant le protocole PANA comme mécanisme d'authentification. PANA est un nouveau protocole en cours de définition à l'IETF qui convient bien aux réseaux multi-sauts puisqu'il fonctionne au dessus de la couche réseau. Cependant dans cette solution, les clients doivent acquérir une adresse IP avant de s'authentifier. Cette caractéristique peut alors être exploitée par un attaquant pour épuiser la plage d'adresses IP du réseau et par la suite mettre le réseau hors service.

Dans les deux solutions décrites ci-dessus les clients authentifiés avec succès initient le protocole IKE pour établir une association de sécurité IPsec. Cette association de sécurité permet donc d'assurer la confidentialité des données de bout-en-bout et d'appliquer le contrôle d'accès au niveau des routeurs mesh.

Comme l'authentification est basée sur le protocole EAP nous avons consacré le chapitre 4 à détailler ce protocole ainsi que ses principales méthodes d'authentification. Nous avons aussi proposé une nouvelle méthode d'authentification qui est aussi robuste que la méthode EAP-TLS et aussi rapide que la méthode EAP-MD5. Notre méthode EAP, appelée EAP-EHash (EHash est l'acronyme de Encrypted Hash) assure l'authentification mutuelle en se basant sur un MIC calculé par le serveur et vérifié par le client et un champ hash calculé par le client et vérifié par le serveur. La valeur de ces deux champs (MIC et hash) est transmise chiffrée afin de lutter contre les attaques par dictionnaire et par force brute. Afin de s'assurer de la robustesse et des propriétés de sécurité de la méthode EAP-EHash, nous l'avons validée grâce à un outil appelé AVISPA. Le résultat de la validation montre bien que notre méthode vérifie les propriétés de sécurité désirées.

Les perspectives de ce travail sont :

- Implémentation de l'extension proposée du protocole 802.1X. Cette implémentation peut se baser sur un code source existant de 802.1X pour éviter la réécriture des différents modules. Le site web [Open1X] fournit un code source pour le supplicant (nommé xsupplicant) et pour l'authentificateur. La tâche consiste donc à comprendre et modifier le code du supplicant et de l'authentificateur pour supporter les nouvelles fonctionnalités et à ajouter le composant relais. Cette tâche demande une bonne connaissance du langage C++ et du système d'exploitation Linux.

- Mise en place d'une plateforme simulant les architectures proposées dans le chapitre 3. Cette plateforme peut se baser sur le code source du protocole PANA et du serveur d'authentification Diameter disponible à [OpenDiameter]. Cette tâche demande aussi une bonne connaissance du langage C++, du système d'exploitation Linux et de la configuration réseau.
- Une fois les deux tâches précédentes achevées avec succès, nous pouvons alors proposer une étude comparative entre ces deux solutions afin d'aider les administrateurs réseau à choisir la solution la plus appropriée. Les critères de comparaison peuvent être : l'efficacité en termes de temps nécessaire pour l'authentification et de consommation de ressources et la robustesse en termes de sécurité.
- Implémentation de la nouvelle méthode proposée EAP-EHash et comparaison de ses performances avec celles des autres méthodes EAP. Cette implémentation peut se baser sur un code source existant disponible à [wire1x].

D'autres aspects ne sont pas adressés dans ce Mastère et peuvent être proposés comme perspectives :

- Dans ce Mastère nous n'avons pas adressé les problèmes de sécurité liés à la mobilité des utilisateurs et le roaming. En effet, lorsqu'un utilisateur se déplace d'un routeur mesh vers un autre, il doit se ré-authentifier et par la suite établir un nouveau tunnel IPsec avec le nouveau routeur mesh. Pour cela nous devons proposer un mécanisme de ré-authentification efficace et robuste.
- Le mécanisme de contrôle d'accès et le chiffrement de données choisis dans ce Mastère se basent sur le protocole IPsec. Cette solution demande l'installation d'un client IPsec en chacun des nœuds, ce qui peut ne pas être une tâche réalisable. Une autre alternative est d'utiliser un tunnel SSL qui agit au niveau de la couche transport en encapsulant systématiquement tous les échanges. L'étude de cette solution et son utilisation dans le contexte de réseau mesh sans fil peuvent être proposées comme perspectives.

Références

Standards

[IEEE-802.1X] IEEE Standard 802.1X-2004, standard for Local and Metropolitan Area Networks: Port-Based Network Access Control, December 2004.

[IEEE-802.11i] IEEE Standard 802.11i-2004, standard for Information technology-Telecommunication and information exchange between systems-Local and metropolitan area networks-Specific requirements, July 2004.

RFC

[RFC1994] Simpson, W., "PPP Challenge Handshake Authentication Protocol (CHAP)", RFC 1994, August 1996.

[RFC2401] Kent, S., and R. Atkinson, "Security Architecture for the Internet Protocol", RFC 2401, November 1998.

[RFC2402] Kent, S., and R. Atkinson, "IP Authentication Header", RFC 2402, November 1998.

[RFC2406] Kent, S., and R. Atkinson, "IP Encapsulating Security Payload (ESP)", RFC 2406, November 1998.

[RFC2408] Maughan, D., Schertler, M., Schneider, M., and J. Turner, "Internet Security Association and Key Management Protocol (ISAKMP)", RFC 2408, November 1998.

[RFC2409] Harkins, D. and D. Carrel, "Internet Key Exchange", RFC 2409, November 1998.

[RFC2716] Aboba, B. and D. Simon, "PPP EAP TLS Authentication Protocol", RFC 2716, October 1999.

[RFC3748] Aboba, B., Blunk, L., Vollbrecht, J., Carlson, J., and H. Levkowetz, "Extensible Authentication Protocol (EAP)", RFC 3748, June 2004.

[RFC4016] Parthasarathy, M., "Protocol for Carrying Authentication and Network Access (PANA) Threat Analysis and Security Requirements", RFC 4016, March 2005.

[RFC4019] Hoffman, P., "Algorithms for Internet Key Exchange version 1 (IKEv1)", RFC 4019, May 2005.

[RFC4058] Yegin, A., Ohba, Y., Penno, R., Tsirtsis, G., and C. Wang, "Protocol for Carrying Authentication for Network Access (PANA) Requirements", RFC 4058, May 2005.

Draft

[Aboba05] Aboba, B., Simon, D., Arkko, J., Eronen, P., and H. Levkowetz, "Extensible Authentication Protocol (EAP) Key Management Framework", draft-ietf-eap-keying-08, October 2005.

[Forsberg05] Forsberg, D., Ohba, Y., Patil, B., Tschofenig, H., Yegin, A., "Protocol for Carrying Authentication for Network Access (PANA)", draft-ietf-PANA-PANA-10 (work in progress), July 2005.

[Jayaraman05] Jayaraman, P., Lopez, R., Ohba, Y., Parthasarathy, M., Yegin, A., "PANA

Framework", draft-ietf-pana-framework-05 (work in progress), July 2005.

[Kaufman04] Kaufman, C., Ed., "Internet Key Exchange (IKEv2) Protocol", draft-ietf-IPsec-ikev2-17 (work in progress), September 2004.

[Mghazli05] Mghazli, Y., Ohba, Y., Bournelle, J., "SNMP usage for PAA-EP interface", draft-ietf-pana-snmp-04 (work in progress), July 2005.

Books

[Black00] Black, Uyless D., *Internet Security Protocols: protecting IP traffic*, 2000.

[Doraswamy03] Doraswamy, N., and D. Harkins, *IPsec: The new security standard for the Internet, Intranets and Virtual Private Networks*, 2003.

[Hoare04] Tony Hoare, *Communicating Sequential Processes, electronic books, 2004.* disponible en http://www.usingcsp.com/cspbook.pdf

Articles

[Akyildiz05] Akyildiz, I., Wang, X., and W. Wang, "Wireless Mesh Networks: A Survey," *Elsevier Computer Networks*, 2005, pp.445-487.

[Bruno05] Bruno, R., Conti, M., and E. Gregori, "Mesh Networks: Commodity Multihop Ad Hoc Networks," *IEEE Communications*, vol. 43, no. 3, 2005.

[Donovan99] Donovan, B., Norris, P., and G. Lowe, "Analyzing a library of security protocols using casper and FDR", In *Workshop on Formal Methods and Security Protocols*, Trento, Italy, July 1999.

[Lamport94] Lamport, L., "The temporal logic of actions", *ACM Transactions on Programming Languages and Systems*, 16(3):872–923, May 1994.

[Mihail05] Mihail, L. Sichitiu, "Wireless Mesh Networks: Opportunities and Challenges," in *Proc of the Wireless World Congress*, (Palo Alto, CA), May 2005.

[Mishra02] Mishra, A. and W. Arbaugh, "An initial security analysis of the 802.1X standard", http://www.cs.umd.edu/~waa/1x.pdf, February 2002.

[Perlman00] Perlman, R. and C. Kaufman, "Key Exchange in IPsec: Analysis of IKE", *IEEE Internet Computing*, Vol. 4, No. 6, pp.50–56, 2000.

[Weyland04] Weyland, A., and T. Braun, "Cooperation and Accounting Strategy for Multi-hop Cellular Networks", In *Proceedings of 13th IEEE Workshop on Local and Metropolitan Area Networks (LANMAN 2004)*, Mill Valley, CA, USA, April 2004.

Rapport de recherche & Thèse

[Bournelle04] Bournelle, J.,"Vers un système d'authentification intégrant la configuration dynamique de la mobilité IPv6 et la prise en compte des déplacements", INT thesis, 2004.

[Cheikhrouhou05] Cheikhrouhou O., Laurent-Maknavicius M., « sécurité des réseaux mesh», Rapport de recherche du GET, rapport 06001 LOR, 2006.

Disponible à (http://www-lor.int-evry.fr/%7Emaknavic/Rapports_Recherche/RR_Secu_Mesh.zip)

Autres

[AVISPA] Projet Automated Validation of Internet Security Protocols and Applications: www.avispa-project.org/

[EVA] Projet RNTL-EVA. Réseau National des Technologies Logicielles, Explication et Vérification Automatique de protocoles cryptographiques: http://www-eva.imag.fr

[OpenDiameter] www.opendiameter.org

[Open1x] http://open1x.sourceforge.net/

[wire1x] http://wire.cs.nthu.edu.tw/wire1x/

[wp_interlink02] Introduction to 802.1X for Wireless Local Area Networks, www.interlinknetworks.com/images/resource/using_802.1X_with_interlink.pdf, 2002.

Annexe A : Spécification de la méthode EAP-EHash dans le langage HLPSL

```
%%Protocole EAP-EHash
%%auteur: Cheikhrouhou Omar
%%date: 31/03/2006
%%Alice & Bob Notation
% S -> P: request_id
% P -> S: respond_id.peerId
% S -> P: challenge.serverId.randS.{MIC(AK,challenge.serverId.randS)}_EK
        %AK=F(PSK.randS)
        %EK=F(PSK.randS.serverId.peerId)
        %F est une fonction de hachage à sens unique (exemple SHA, HMAC-
SHA)
% P -> S: randP.{HMAC(AK,challenge.randP}_EK
        %HMAC est une fonction de hachage à sens unique (exemple MD5)
% S -> P: success

%%%%%%%%%%%%%%%%%%%%%%%%%%%%%%%%%%%%%%%%%%%%%%%%%%%%%%%%%%%%%%%%%%%%%%%%%%%%
role server(
      P,S: agent,
      PSK: symmetric_key,
      MIC, HMAC, PRF: function,
      SND,RCV:channel(dy)
      )
played_by S def=
  local
      State :nat,
      Challenge,RandS,RandP:text,
      MAC,HASH :message,
      AK,EK :message    %clés dérivées de la clé partagée PSK
  const
      rp,rs,ch,
      sec_ak,sec_ek :protocol_id,
      request_id, respond_id,success,
      peerId,serverId:text

  init
      State:=0
  transition
0.State=0 /\ RCV(start)=|>
  State' :=1 /\ SND(request_id)

1.State=1 /\ RCV(respond_id.peerId)=|>
  State':=2 /\ RandS':=new()
            /\ Challenge':=new()
            /\ AK':=PRF(PSK.RandS')
            /\ EK':=PRF(PSK.RandS'.serverId.peerId)
            /\ MAC':={MIC(AK',Challenge'.serverId.RandS')}_EK'
            /\ SND(Challenge'.serverId.RandS'.MAC')
            /\ witness(S,P,rs,RandS')
            /\ witness(S,P,ch,Challenge')
            /\ secret(AK',sec_ak,{P,S})
            /\ secret(EK',sec_ek,{P,S})


2. State=2 /\ RCV(RandP'.HASH')
         /\HASH'={HMAC(AK,Challenge.RandP')}_EK
            %Challenge and not Challenge'
```

```
=|>
   State':=3 /\ request(S,P,RandP')
             /\ SND(success)

end role %server
%%%%%%%%%%%%%%%%%%%%%%%%%%%%%%%%%%%%%%%%%%%%%%%%%%%%%%%%%%%%%%%%%%%%%%%%%%%%

role peer(
      P,S: agent,
      PSK: symmetric_key,
      MIC, HMAC, PRF: function,
      SND,RCV:channel(dy)
      )
played_by P def=
  local
      State :nat,
      Challenge,RandS,RandP:text,
      MAC,HASH:message,
      AK,EK :message   %clés dérivées de la clé partagée PSK

  const
      rp,rs,ch,
      sec_ak,sec_ek :protocol_id,
      request_id, respond_id,success,
      peerId,serverId:text

  init
      State:=0
  transition
0.State=0 /\ RCV(request_id)=|>
  State' :=1 /\ SND(respond_id.peerId)

1.State=1 /\ RCV(Challenge'.serverId.RandS'.MAC')
%Peer doit vérifier la validité du champ MIC
          /\ AK'=PRF(PSK.RandS')
          /\ EK'=PRF(PSK.RandS'.serverId.peerId)
          /\ MAC'={MIC(AK',Challenge'.serverId.RandS')}_EK'
=|>
  State':=2 /\ RandP':=new()
            /\ HASH':={HMAC(AK',Challenge'.RandP')}_EK'
            /\ SND(RandP'.HASH')
            /\ witness(P,S,rp,RandP')
            /\ request(P,S,rs,RandS')
            /\ request(P,S,ch,Challenge')
            /\ secret(AK',sec_ak,{P,S})
            /\ secret(EK',sec_ek,{P,S})


2. State=2 /\ RCV(success)=|>
   State':=3

end role %peer

%%%%%%%%%%%%%%%%%%%%%%%%%%%%%%%%%%%%%%%%%%%%%%%%%%%%%%%%%%%%%%%%%%%%%%%%%%%%
role session(
      P,S: agent,
      PSK: symmetric_key,
      MIC,HMAC,PRF: function
      )
def=
```

```
  local
      Speer,Rpeer,Sserver,Rserver : channel (dy)

  composition
      peer(P,S,PSK,MIC,HMAC,PRF,Speer,Rpeer)
     /\ server(P,S,PSK,MIC,HMAC,PRF,Sserver,Rserver)

end role

%%%%%%%%%%%%%%%%%%%%%%%%%%%%%%%%%%%%%%%%%%%%%%%%%%%%%%%%%%%%%%%%%%%%%%%%%%%
role environnement()
def=
  const
      p,s,i:agent,
      mic,h,prf:function,
      psk_ps,psk_pi,psk_is:symmetric_key

intruder_knowledge={p,s,mic,h,prf,psk_pi,psk_is}

  composition
      session(p,s,psk_ps,mic,h,prf)
      /\session(p,i,psk_pi,mic,h,prf)
      /\session(i,s,psk_is,mic,h,prf)

end role
%%%%%%%%%%%%%%%%%%%%%%%%%%%%%%%%%%%%%%%%%%%%%%%%%%%%%%%%%%%%%%%%%%%%%%%%%%%
goal
authentication_on ch,rs
authentication_on rp
%secrecy_of key
secrecy_of sec_ak,sec_ek
end goal
%%%%%%%%%%%%%%%%%%%%%%%%%%%%%%%%%%%%%%%%%%%%%%%%%%%%%%%%%%%%%%%%%%%%%%%%%%%%
%exécution du protocole
environnement()
```

Annexe B : Types et sous-Types des trames 802.11

Le tableau suivant illustre les types et sous-types des trames 802.11 et les valeurs correspondantes :

Valeur du type	*Description du type*	*Valeur du sous-type (b7 b6 b5 b4)*	*Description du sous type*
00	Gestion	0000	Requête d'association
00	Gestion	0001	Réponse d'association
00	Gestion	0010	Requête de ré-association
00	Gestion	0011	Réponse de ré-association
00	Gestion	0100	Demande d'enquête
00	Gestion	0101	Réponse d'enquête
00	Gestion	0110-0111	Réservés
00	Gestion	1000	Balise
00	Gestion	1001	ATIM
00	Gestion	1010	Désassociation
00	Gestion	1011	Authentification
00	Gestion	1100	Désauthentification
00	Gestion	1101-1111	Réservés
01	Contrôle	0000-1001	Réservés
01	Contrôle	1010	PS-Poll
01	Contrôle	1011	RTS
01	Contrôle	1100	CTS
01	Contrôle	1101	ACK
01	Contrôle	1110	CF-End
01	Contrôle	1111	CF-End et CF-ACK
10	Données	0000	Données
10	Données	0001	Données et CF-ACK
10	Données	0010	Données et CF-Poll
10	Données	0011	Données, CF-ACK et CF-Poll
10	Données	0100	Fonction nulle (sans données)
10	Données	0101	CF-ACK (sans données)
10	Données	0110	CF-Poll (sans données)
10	Données	0111	CF-ACK et CF-Poll (sans données)
10	Données	1000-1111	Réservés
11	Réservé	0000-1111	Réservés

Glossaire

802.1X

Norme de l'IEEE pour le contrôle d'accès à un réseau. Le contrôle est exercé au niveau d'un port d'un commutateur, ou pour chaque association dans un AP. Ce standard repose sur l'EAP, et l'authentification des utilisateurs est généralement réalisée par un serveur RADIUS.

802.11

Norme conçue par l'IEEE en 1997 pour les réseaux locaux sans fil, et constamment améliorée depuis. Elle définit trois couches physiques (infrarouge, FHSS et DSSS sur les fréquences de 2,4 GHz) et une couche MAC offrant de nombreuses fonctionnalités : partage du média, fragmentation, économie d'énergie, sécurité...

802.11i

Norme de sécurité sur les liaisons wi-fi. Cette norme tend vers l'utilisation de TKIP pour aboutir à la standardisation de l'algorithme AES.

A

AAA (Autorisation, Authentification, Accounting)

Un serveur AAA gère l'authentification des utilisateurs, leurs autorisations et la comptabilisation de leurs connexions (voir aussi RADIUS).

Ad Hoc

Dans un réseau Wi-Fi de type Ad Hoc, les stations communiquent directement entre elles plutôt que par le biais d'un AP (voir aussi Infrastructure).

AES (Advanced Encryption Standard)

Algorithme de cryptage symétrique extrêmement rapide et sûr. La norme de sécurité WPA2 repose sur le TKIP ou l'AES.

Algorithme cryptographique ou de chiffrement

Procédé ou fonction mathématique utilisée pour le chiffrement et le déchiffrement. Dans la cryptographie moderne, l'algorithme est souvent public et le secret du chiffre dépend d'un paramètre appelé clef.

Analyse du trafic

Observation des caractéristiques extérieures du trafic transitant sur un réseau afin de tenter d'en tirer des informations : fréquence des transmissions, identités des tiers communicants, quantités de données transférées. Associées à des informations de nature différente (date de rendez-vous, actualité,...), ces éléments peuvent permettre aux adversaires de faire des déductions intéressantes.

Association de sécurité (SA)

C'est un rapport entre deux entités ou plus qui décrit comment les entités utiliseront des services de sécurité pour communiquer solidement. Ce rapport est représenté par un ensemble d'information qui peut être considéré comme un contrat entre les entités. L'information doit être convenue et partagée entre toutes les entités.

Authenticité

Terme qui désigne le service de sécurité qui consiste à assurer à la fois l'intégrité et l'authentification de l'origine des données.

Authentification

On distingue deux types d'authentification :

1. Authentification d'un tiers : C'est l'action qui consiste à prouver son identité. Ce service est généralement rendu par l'utilisation d'un "échange d'authentification" qui implique un certain dialogue entre les tiers communiquants.
2. Authentification de l'origine des données : Elle sert à prouver que les données reçues ont bien été émises par l'émetteur déclaré. Dans ce cas, l'authentification désigne souvent la combinaison de deux services : authentification et intégrité en mode non connecté.

C

Certificat

Document électronique qui renferme la clef publique d'une entité, ainsi qu'un certain nombre d'informations la concernant, comme son identité. Ce document est signé par une autorité de certification ayant vérifié les informations qu'il contient.

Chiffrement, chiffrer

Application d'un algorithme cryptographique à un ensemble de données appelées texte en clair afin d'obtenir un texte chiffré. Le chiffrement est un mécanisme de sécurité permettant d'assurer la confidentialité des données.

Clef (secrète, publique, privée)

Paramètre d'un algorithme de chiffrement ou de déchiffrement, sur lequel repose le secret.
On distingue deux types de clefs :

1. les clefs secrètes, utilisées par les algorithmes symétriques, pour lesquels la clef de chiffrement et de déchiffrement sont identiques.
2. les couples (clef publique, clef privée), utilisés par les algorithmes asymétriques, pour lesquels clef de chiffrement et de déchiffrement sont distinctes.

Clef de chiffrement de clefs

Clef utilisée exclusivement pour chiffrer d'autres clefs, afin de les faire parvenir à un interlocuteur. Une clef de chiffrement de clef a généralement une durée de vie assez longue, par opposition aux clefs qu'elle sert à chiffrer.

Clef de session

Clef ayant une durée de vie très limitée, généralement à une session. Les clefs de session sont généralement des clefs secrètes, utilisées pour chiffrer les données transmises, et que les tiers communiquants génèrent en début de communication.

Confidentialité

Service de sécurité qui consiste à s'assurer que seules les personnes autorisées peuvent prendre connaissance d'un ensemble de données. Le mécanisme qui permet d'obtenir ce service est généralement le chiffrement des données concernées à l'aide d'un algorithme cryptographique.
On parle aussi de confidentialité du trafic lorsqu'on désire empêcher l'analyse du trafic en cachant les adresses source et destination, la taille des paquets, la fréquence des échanges,...

Contrôle d'accès

Service de sécurité permettant de déterminer, après avoir authentifié un utilisateur, quels sont ses privilèges et de les appliquer. Ce service a pour but d'empêcher l'utilisation d'une ressource (réseau, machine, données,...) sans autorisation appropriée.

Cryptage, crypter

Termes dérivés de l'anglais « to encrypt » et souvent employés incorrectement à la place de chiffrement et chiffrer. En toute rigueur, ces termes n'existent pas dans la langue française.
Si le "cryptage" existait, il pourrait être défini comme l'inverse du décryptage, c'est-à-dire comme l'action consistant à obtenir un texte chiffré à partir d'un texte en clair sans connaître la clef. Un exemple concret pourrait être de signer un texte choisi en reproduisant un chiffrement avec la clef privée de la victime. Mais on préfère parler dans ce cas de contrefaçon.

Cryptanalyse ou analyse cryptographique

Science qui étudie la sécurité des procédés cryptographiques pour tenter de trouver des faiblesses et pouvoir en particulier effectuer un décryptage avec succès.

Cryptogramme

Aussi appelé texte chiffré. Données obtenues par application d'un algorithme de chiffrement. Le contenu sémantique de ces données n'est pas compréhensible.

Cryptographie

Étude du chiffrement et du déchiffrement, ainsi que des procédés permettant d'assurer l'intégrité, l'authentification,...
"Discipline incluant les principes, moyens et méthodes de transformation des données, dans le but de cacher leur contenu, d'empêcher que leur modification passe inaperçue et/ou d'empêcher leur utilisation non autorisée." [ISO 7498-2]

Cryptologie

Étude scientifique de la cryptographie et de la cryptanalyse.

D

Déchiffrement

Action inverse du chiffrement, lorsque celui-ci est réversible : à l'aide d'un algorithme cryptographique et d'une clef, on reconstruit le texte en clair à partir du texte chiffré.

Décryptement, décryptage

Action qui consiste à "casser" le chiffrement d'un texte de façon à retrouver le texte en clair sans connaître la clef qui permet son déchiffrement normal.

Déni de service

"Impossibilité d'accès à des ressources pour des utilisateurs autorisés ou introduction d'un retard pour le traitement d'opérations critiques." [ISO 7498-2].

DHCP (Dynamic Host Configuration Protocol)

Protocole permettant de configurer les adresses IP de façon dynamique.

Disponibilité

Service de sécurité qui assure une protection contre les attaques visant à dégrader ou rendre impossible l'accès à un service.

E

EAP (Extensible Authentication Protocol)

Protocole très générique permettant l'identification d'utilisateurs selon diverses méthodes (mot de passe, certificat, carte à puce). Normalisé par l'IETF comme extension du protocole PPP, l'EAP est maintenant également à la base du 802.1X, lui-même à la base du WPA.

Empreinte (digest)

Aussi appelé condensé, chaîne de taille fixe obtenue par application d'une fonction de hachage à un ensemble de données.

F

Fonction à sens unique

Une fonction à sens unique est une fonction facile à calculer mais difficile à inverser. La cryptographie à clef publique repose sur l'utilisation de fonctions à sens unique à brèche secrète : pour qui connaît le secret (i.e. la clef privée), la fonction devient facile à inverser.

Fonction de hachage

Aussi appelée fonction de condensation, fonction qui convertit une chaîne de longueur quelconque en une chaîne de taille inférieure et généralement fixe ; cette chaîne est appelée empreinte (digest en anglais) ou condensé de la chaîne initiale.

Fonction de hachage à sens unique

Fonction de hachage qui est en plus une fonction à sens unique : il est aisé de calculer l'empreinte d'une chaîne donnée, mais il est difficile d'engendrer des chaînes qui ont une empreinte donnée. On demande généralement en plus à une telle fonction d'être sans collision, c'est-à-dire qu'il soit impossible de trouver deux messages ayant la même empreinte.

I

ICV (Integrity Check Value)

"Valeur de vérification d'intégrité". Cette valeur est calculée par l'expéditeur sur l'ensemble des données à protéger. L'ICV est alors envoyée avec les données protégées. En utilisant le même algorithme, le destinataire recalcule l'ICV sur les données reçues et la compare à l'ICV originale. Si elles se correspondent, il en déduit que les données n'ont pas été modifiées.

IETF (Internet Engineering Task Force)

Un des groupes de travail chargé de résoudre les problèmes techniques du réseau. C'est par son biais que les standards Internet sont préparés et élaborés.

IKE (Internet Key Exchange)

Protocole définit par l'IETF permettant l'échange de clés entre deux tiers.

Intégrité

Service de sécurité qui consiste à s'assurer que seules les personnes autorisées pourront modifier un ensemble de données. Dans le cadre de communications, ce service consiste à permettre la détection de l'altération des données durant le transfert.
On distingue deux types d'intégrité :

1. L'intégrité en mode non connecté permet de détecter des modifications sur un datagramme individuel, mais pas sur l'ordre des datagrammes.

2. L'intégrité en mode connecté permet en plus de détecter la perte de paquets ou leur réordonnancement.

L'intégrité est très liée à l'authentification de l'origine des données, et les deux services sont souvent fournis conjointement.

IPsec (Internet Protocol Security)

Norme définissant une extension de sécurité pour le protocole IP dans l'objectif d'offrir des services d'authentification, d'intégrité et de confidentialité.

L

Liaison

Ensemble de matériels (câbles, modems, concentrateurs, routeurs,...) qui relient physiquement deux équipements terminaux.

M

MAC (Message Authentication Code)
Code d'authentification de message.

Message

Dans le monde des réseaux, un message est une suite de données binaires formant un tout logique pour les tiers communiquants. Lorsqu'un message est trop long pour être transmis d'un seul bloc, il est segmenté et chaque segment est envoyé séparément dans un paquet distinct.

MIC (Message Integrity Check)

Nombre calculé à partir d'un message et envoyé avec celui-ci. Le récepteur peut ainsi s'assurer que le message n'a pas été modifié.

MIM (Man In the Middle)

Une attaque MIM consiste pour un pirate à s'interposer entre deux stations du réseau, à leur insu, de façon à espionner leurs échanges, voire à les modifier.

N

Non-rejouabilité

Garantie qu'un adversaire ayant intercepté des messages au cours d'une communication ne pourra pas les faire passer pour des messages valides en les injectant soit dans une autre communication, soit plus tard dans la même communication.

P

PANA (Protocol for Carrying Authentication for Network Access)

Protocole agissant au-dessus de la couche IP permettant de transporter les messages d'authentification, typiquement message EAP, entre un client et un agent (appelé agent PANA).

Perfect Forward Secrecy

Propriété d'un protocole d'échange de clef selon laquelle la découverte, par un attaquant, du ou des secrets à long terme utilisés ne permet pas de retrouver les clefs de sessions.

R

RADIUS (Remote Authenticiation Dial-In-User Service)

Protocole de type AAA.

Rejeu

Action consistant à envoyer un message intercepté précédemment, en espérant qu'il sera accepté comme valide par le destinataire.

Répudiation

"Le fait, pour une des entités impliquées dans la communication, de nier avoir participé aux échanges, totalement ou en partie." [ISO 7498-2]

RFC (Request For Comment)

Littéralement, "Appel à commentaires". C'est en fait un document décrivant un des aspects d'Internet de façon relativement formelle (généralement, spécification d'un protocole). Ces documents sont destinés à être diffusés à grande échelle dans la communauté Internet et servent souvent de référence. On peut les trouver sur la plupart des sites FTP.

S

Signature numérique

"Données ajoutées à une unité de données, ou transformation cryptographique d'une unité de données, permettant à un destinataire de prouver la source et l'intégrité de l'unité de données et protégeant contre la contrefaçon (par le destinataire, par exemple)." [ISO 7498-2].
Une signature numérique fournit donc les services d'authentification de l'origine des données, d'intégrité des données et de non-répudiation. Ce dernier point la différencie des codes d'authentification de message, et a pour conséquence que la plupart des algorithmes de signature utilisent la cryptographie à clef publique. D'autre part, la signature peut prendre deux formes :

1. "transformation chiffrée" : un algorithme cryptographique modifie directement le message (par exemple chiffrement du message avec une clef privée).
2. "données annexées" : des données supplémentaires sont adjointes au message (par exemple une empreinte, chiffrée avec une clef privée).

Somme de contrôle

Condensé d'un ensemble de données, calculé par l'expéditeur avant l'envoi des données et recalculé par le destinataire à la réception pour vérifier l'intégrité des données transmises.

T

Texte chiffré

Aussi appelé cryptogramme.
Données obtenues par application d'un algorithme de chiffrement. Le contenu sémantique de ces données n'est pas compréhensible.

Texte en clair

Données intelligibles, dont la sémantique est compréhensible.

Tierce partie (ou tiers) de confiance (Trusted Third Party)

Tiers jouant un rôle dans la sécurisation des échanges entre deux partenaires en participant à la mise en œuvre de mécanismes de sécurité. On parle aussi de notarisation.

Tunneling

Technique consistant à créer un "tunnel" entre deux points du réseau en appliquant une transformation aux paquets à une extrémité (généralement, une encapsulation dans un protocole approprié) et en les reconstituant à l'autre extrémité.

V

Vecteur d'initialisation (Initialization Vector, IV)

Bloc de texte de valeur quelconque servant à initialiser un chiffrement avec chaînage de blocs, et donc à faire en sorte que deux messages identiques donnent des cryptogrammes distincts.

VPN (Virtual Private Network)

Réseau privé virtuel. C'est un réseau d'ordinateurs échangeant entre eux de l'information par des liaisons cryptées. On peut assimiler ces liaisons cryptées à des tunnels protégés, empruntant un réseau de voies ouvertes et publiques (par exemple Internet). On peut par exemple interconnecter les réseaux de deux sites d'une entreprise en établissant un VPN, passant par l'Internet.

www.ingramcontent.com/pod-product-compliance
Lightning Source LLC
LaVergne TN
LVHW042349060326
832902LV00006B/482

* 9 7 8 6 1 3 1 5 4 3 9 5 1 *